Gerhard Raß

Degen

MMXI

Schwäbische Juwelen

gfasst von

Sebastian Blau · Martin Lang · Gerhard Raff

Thaddäus Troll · Friedrich E. Vogt

ond gmalt von

Dieter Groß · Bernd Stolz

Landhege Verlag

CIP-Titelaufnahme
der Deutschen Bibliothek

Raff, Gerhard (Hrsg.):
Sebastian Blau, Martin Lang,
Gerhard Raff, Thaddäus Troll,
Friedrich E. Vogt:
Schwäbische Juwelen
Illustriert von
Dieter Groß und Bernd Stolz
1. Auflage September 2012
© 2012 Landhege Verlag,
Schwaigern

Satz und Herstellung:
Rudolf Wolf, Horb-Dießen
Schrift: Rotis Semi Serif
von Otl Aicher
Druck: Grafische Werkstätte der
BruderhausDiakonie, Reutlingen
Bindung: Lachenmaier,
Reutlingen
CD: Evangelisches Medienhaus
GmbH, Stuttgart
Printed in Germany
ISBN 978-3-943066-05-0

Quellenverzeichnis

Sebastian Blau:
Dr Necker · Dr Gsangverei' ·
St. Nepomuk · s Wegge'taler
Kripple · D Bürgerwach.
Aus: Die schwäbischen Gedichte
des Sebastian Blau.
DVA, Stuttgart 1947.

Martin Lang:
Das Dunell em Azeberg · Der
Büschelesma' · D' Fuierwehr vo
Plattehardt.
Aus: Schbatzaweisheit. Hoff-
mann Verlag, Stuttgart 1912,
DVA, Stuttgart 1950.

Gerhard Raff:
So a Menschle · Heimatland die
Filder · Suevia · Xöff
Aus: Herr, schmeiß Hirn ra!
DVA, Stuttgart 1985.
Die Schwäbische Kehrwoche ·
Erstklässler, Tentefässler!
Aus: Mehr Hirn!
DVA, Stuttgart 1995.

Thaddäus Troll:
Am Sonntich en Sidnei.
Aus: Deutschland deine Schwa-
ben im neuen Anzügle. Vorder-
gründig und hinterrücks
betrachtet. Hoffmann und
Campe Verlag, Hamburg
1967/1978, Silberburg-Verlag,
Tübingen 2007/2009.
© Silberburg-Verlag, Tübingen.
O Heimatland · Madonnen-
weihe: Aus: O Heimatland.
Verse in schwäbischer Mund-Art.
Hoffmann und Campe Verlag,
Hamburg 1976, Silberburg-
Verlag, Tübingen 2000/2006.
© Silberburg-Verlag, Tübingen.

Friedrich E. Vogt:
Regen bringt Segen ·
Dia steile Stuagerter Stäffela ·
Schwäbische Speisekarte.
Aus: Schwäbisch mit Schuß.
Verlag Karl Knödler,
Reutlingen 1974.

Inhalt

Vorwort

„Schwäbische Heiligtümer

Jedes Land hat seine Heiligtümer. Wir zum Beispiel die Burg Hohenzollern, die Schlösser Ludwigsburg, Solitude und Lichtenstein, die Klöster Bebenhausen, Hirsau, Maulbronn und Beuron, die Insel Reichenau und das Ulmer Münster, den Blautopf, die Bärenhöhle, die Donauquelle, den Ipf, die drei Kaiserberge Staufen, Stuifen und Rechberg, die Schwäbische Alb, Oberschwaben und den Bodensee, Barbarossa, Götz von Berlichingen, Herzog Eberhard im Barte, König Wilhelm I., Mechthild von der Pfalz, Franziska von Hohenheim, Wieland, Mörike, Hauff, Schubart, Hölderlin und Schiller, Hegel und Philipp Matthäus Hahn, Dannecker, Sebastian Blau, Thaddäus Troll und Gerhard Raff, Verlage wie Cotta, Steinkopf und Holtzbrinck, das Stuttgarter Ballett, die Stuttgarter Oper, den Fernsehturm, den Zeppelin, den Daimler, den Porsche und den Bosch, den Trollinger und den Riesling, die Laugenbrezel, die Spätzle, die Maultaschen und die Springerle …"

So die viel zu früh verstorbene Dr. Elke Gerhold-Knittel vom Württembergischen Landesmuseum im Vorwort zu ihrem 2002 erschienenen Standardwerk „Spätzle, Maultaschen & Co."

Drei der obgenannten „Schwäbischen Heiligtümer" kommen in diesem „Schwäbischen Schatzkästlein" zu Wort und zwei weitere, der Martin Lang und der Friedrich E. Vogt seligen Angedenkens.

In diesen unseren Tagen, da im einstigen „Land der hellen Köpfe und der geschickten Hände" der preußische Kasernenhofslang allerorten siegreichen Einzug gehalten hat und viel zu viele Eltern und Lehrer Arm in Arm mit dem durch raffinierte Reklame finanzierten, seelenverödenden und hirnverblödenden Doofelesfernsehen mit großem Erfolg der jungen Generation schon in frühen Kindertagen die wunderschöne symphophänomenale Muttersprache eines Friedrich Barbarossa, Schiller & Hölderlin vorenthalten, und dank der dort eingeschobenen Werbeblöcke statt kritisch wacher Bildungsbürger dumpfbackige Konsumidioten und intellektuelle Dürfzgerle herangezogen werden, soll dieses Büchlein wieder Lust auf unseren Dialekt wecken und viele Landeskinder einen Hauch jenes Geistes verspüren lassen, von dem der vor 50 Jahren verstorbene Literaturnobelpreisträger Hermann Hesse gesprochen hat: „Zu diesem schwäbischen Geist gehört, wie mir scheint, ein Stück Poesie, ein gutes Stück Phantasie und Warmblütigkeit, dazu eine Freude am Einfachen und Stillen, ein gewisser heimlicher, dauernder Protest gegen Berlin, es gehört weiter dazu Humor und Kunstsinn und das Wissen um den Reiz und Reichtum der heimatlichen Mundart."

Einen herzinniglichen Dank darum allen, die mitgeholfen haben, dass dieses so wunderschön gewordene Schatzkästlein entstehen konnte:

Dem noch jungen Landhege-Verlag für das Wagnis, angesichts einer demographisch erschreckend schrumpfenden suevischen Minderheit eine solche, nicht eben leicht lesbare und daher besondere geistige Fähigkeiten und geduldige Bereitschaft voraussetzende schwäbische Anthologie vorzulegen und diese erneut in einer Behinderteneinrichtung des Württemberger Landes drucken zu lassen.

Den zum Wohlgefallen einer erfreulich großen, von der Frau Kammersängerin bis zur Nobelpreisträgerwitwe, vom Herrn Bundespräsidenten bis zum Weltraumfahrer reichenden, begeisterten Leserschaft bereits beim „Schwäbischen Mose" bestens bewährten Zeichnern Professor Dieter Groß und Bernd Stolz für Ihre erneut so zauberhafte und brillante Bebilderung. (Dr. Wolfgang Wulz: „Die Bilder send ja wirklich obache schee!")

Dem früheren Herstellungsleiter der Deutschen Verlags-Anstalt Rudolf Wolf in Horb-Dießen für die hervorragende gestalterische Umsetzung und Vorbereitung zum Druck.

Den Druckern im Reutlinger Bruderhaus: Andreas Bauer, Tim Czerwinski, Michael Dickmann, Volker Flaig, Burkhard Heidt, Horst König, Ralf Müller und ihren Schützlingen.

Den Herstellern der CD im Evangelischen Medienhaus: Toningenieur Martin Hülf und Rundfunkpfarrer Andreas Koch. Letzterem danken wir ebenso wie Gunter Haug in Schwaigern und Günter Springer in Rottenburg für die reizvolle Rezitation und Otto Potsch im österreichischen Wolkersdorf für die musikalische Umrahmung sowie Ilona Bucher in Berlin für die grafische Gestaltung der CD.

Sebastian Blau hat einmal gemeint, die wichtigste Aufgabe des Menschen sei es, anderen Menschen Freude zu machen. So mögen diese „Schwäbischen Juwelen" möglichst vielen durch die Zeitläufte seelisch zerknitterten Zeitgenossen Freude bringen, sowohl Schwaben wie auch Reigschmeckten, die der Gnade der schwäbischen Geburt nicht teilhaftig wurden, postnatal aber doch noch so gesegnet wurden, dass sie im Ländle leben und schaffen dürfen und diese schöne Sprache lesen und verstehen können.

In freundschaftlicher Verbundenheit und großer Dankbarkeit widme ich diese Anthologie dem Andenken meines dem wirtembergischem Geistes- und Uradel entstammenden langjährigen Förderers Martin Hohnecker (1939-2012) von der „Stuttgarter Zeitung". Er war begeistert von Konzeption und Inhalt des Buches, darf es aber nun nicht mehr in Händen halten.

Degerloch, am 101. Geburtstag meiner Mutter
Gerhard Raff

Prof. Dr. Josef Eberle
alias Sebastian Blau

Geboren an Mörikes 97. Geburtstag als Halbwaise in Rottenburg am Neckar und im Dom getauft auf den Namen Josef Eberle. Nach dem frühen Tod auch der Mutter Buchhändlerlehre in Tübingen beim Heckenhauer wie zuvor sein Landsmann Hermann Hesse. Geht in den „Goldenen Zwanzigern" nach Berlin. Wird anno 27 als Rundfunkpionier nach Stuttgart geholt. Verweigert als „Leiter der Vortragsabteilung" einem „böhmischen Gefreiten" (1889-1945) das Mikrofon. Wird anno 33 entlassen und ins KZ auf den Heuberg verbracht. Hat dann seine „Kugelfuhr" und

seinen „Feierobed", die wunderschönen „Schwäbischen Gedichte des Sebastian Blau" geschrieben. Erhält anno 36 Schreibverbot. Hauptsächlich, weil er sich nicht von seiner „nichtarischen" Gemahlin getrennt hat. Überlebt das „Tausendjährige Reich" zuerst als Hausmeister beim US-Konsulat in Stuttgart, dann als Bibliothekar der „Württ. Feuerversicherung." Seine Else „Sarah" Eberle, geborene Lemberger von Rexingen, aber versteckt sich, um Auschwitz zu entkommen, im letzten Kriegswinter in den Wäldern um Stuttgart. Fromme Bahnwärter bewahren sie vor dem Erfrieren und dem Hungertod. Beide feiern den Einmarsch der Franzosen am 22. April 1945 zeitlebens als zweiten Geburtstag. Erhält von den Amerikanern am 17. September 1945 die Lizenz zur Herausgabe der „Stuttgarter Zeitung". Residiert nun im Tagblatturm und erwirbt sich vielfache Verdienste, unter anderem durch den Kauf des Cotta-Archivs für Marbach und die Rettung des durch die Spitze der Stadt Stutt-

gart vom Abriss bedrohten Neuen Schlosses. Zeigt sich als großzügiger Mäzen und Förderer des Kulturlebens. Wird unter anderem Professor und Ehrendoktor, Ehrenbürger und Poeta Laureatus und kommt vor lauter Orden und Ehrenzeichen ganz schäps daher. „Aber was send Ehre, Ruhm ond Namen? 'S hot's no koaner weiter brocht als bis Sülche. Amen!" Am 20. September 1986 ist er im Spital von Samedan in Graubünden, der Heimat seiner mütterlichen Vorfahren, verstorben. Man hat ihn auf dem Rottenburger Sülchenfriedhof zu seinen Eltern ins Grab gelegt. Und den langen Vers auf seinem Grabstein hat er selber verfasst. Und da heißt es ganz traurig: „Desinet audiri mox integra sveba loquela. Bald wird der lautere Klang des lebendigen Schwäbisch verstummen." Anno 89 ist ihm seine Else gefolgt.

Dr Neckar

Ta'z ond Musek ghaöt zur Kirbe,
ond dr Hoachzichstrauß zur Braut,
ond zur Fasnet ghaöret mürbe
Küachle, wia dr Speck ens Kraut.

Ond zur Täufete ghaöts Kendle,
ond zum Gaigel ghaöt dr Trompf,
ond dr Necker ghaöt ens Ländle
als sei' Heazstuck ond Triompf!

Sei' Erbtoal kriegt r halb ond halb
vom Schwaazwald ond vor Rauhe'-n-Alb.
Drom ist r ao toals zart, toals grob,
grad wia sei' Vatter ond sei' Muater;
mit oam Woat gsait: er ist e guater
und regelreachter Schwob.

Iatz gucket ao des Wässerle,
wias aus em Bode' spritzt,
ond wia silbrigs Messerle
so blank ond sauber glitzt!
Wias plätscheret ond strudlet
ond wuselet ond hudlet,
wias läbberet ond motzet
ond Kieselbatze' schlotzet!

Sott ma's glaube', schla me-s Blechle,
dass des wenzig, wonzig Bächle
mol en Necker geit?

Freilich, freilich geit es des,
narr, aus Bibberlen wearet Gä's
ond aus Kender Leut!

Des ist doch en alte Sach:
eest viel Wässerlen gent en Bach.
So isch grad beim Necker ao –
ond en Rottweil macht r schao'
a' dr eeste' Mühlebruck
als Athlet sei' Gsellestuck.

Ietz schwitisiert r s Täle ra,
ietz ist r uf dr Walz,
ond wenn e r kö't, noh feng r a'
ond säng aus vollem Hals!

r waalet en de Wiese' rom
ond babblet mit de Büsch,
r lachet älle Städtlen a'
ond schnalzget mit de Fisch.

r karessiert mit Berg ond Wald
ond schmeichlet mit em Moos,
tuat Fangetles mit dr Eisebahn'
und Schlupfetles mit dr Stroß...

Koa' Wonder, daß en s Täle ma',
ond daß ems so flattiert
ond lenks ond reachts de' ganze' Weag
mit Tannereis verziert!

Ond r reckt se,
ond r streckt se
ond braucht zmol en Haufe' Platz;
Stoa' ond Felse'-n-überschwemmt r
ond de haögste Stauwuhr nemmt r
spielend mit me' Satz.

So isch reacht, so ka'-n-r bleibe!
Iatzet muaß r na' a's Britt,
iatzet hoaßts uf Schritt ond Tritt:
Mühle'-n-ond Fabrike' treibe',
Geite hüate', Wendle' wäsche',
onter jede Bruck sich ducke',
ond dezuana' Dreck ond Äsche',
Abfäll, Gschnipf ond Kutter schlucke'...
Ist r schliaßlich noch em Schaffe',
obneds wieder glatt ond ebe',
muaß r noh em Mo', deam Affe',
stondelang de' Spiagel hebe'...

Aber moast, de' Necker gheis?
Männdle, do bist et reacht briicht:
noa', iatz zeigt r eest mit Fleiß
überal e freundlichs Gsiicht.

Freilich müäßt er bald verlechne',
kö't r et uf Zuaschuß rechne'.
Haörsch! do plätschrets schao' em Schilf!
Ond vo' älle Seite' sprenget
Wässerlen ond Bäch ond brenget
aosrem Necker Hilf:

Fils ond Rems ond Murr ond Enz,
Zaber, Sulm ond Jagst ond Kocher –
isch e Wonder, wenn er nocher
vo' Heilbronn bis na a' d Grenz
wia e Herr deherstolziert
ond mit Woaze', Obst ond Wei'
ond mit Dampfschiff renommiert,
grad als wär des älles sei?

Iatz ist r stark, iatz ist r groaß,
iatz goht en anders Leabe' laos,
iatz muaß r naus en d Fremde!
(Wer wuud ao heule'; schämmde!)

r hot auf seire' Wanderschaft
en A'seah kriagt ond Bärekraft,
r hot vom Leabe' manches gseah',
hot manches könne haöre',
ond was noh fehlt, soll wuud se gea',
sell wuud en d Fremde laehre'. –
So, do ist d Grenz. Adje!

Soweit wär älles reacht ond schö'.
Was aber tuat dear Stromer?
r lauft schnurstracks ens Badisch nei'
ond selt – vor lauter Jomer –
versäuft r se em Rhei'!

Dr Gsangverei'

Täufe, Haohzich oder Leich –
wa ma' feiret, sell ist gleich,
d Hauptsach ist ond bleibt debei
neabem Pfarr dr Gsangverei'!

Becke, Metzger, Schuaster, Schneider,
dicke Wiit ond Hongerleider,
Apotheker ond Kanditer,
Leichesäger, Haohzichbitter,
Küafer, Ipser, Kemmigfeager,
Feadrefuchser, Heiligepfleager,
Stadtakziser, Fleischbeschauer,
Kupferschmied ond Feilehauer,
Wengeter ond Kappemacher,
jonge Spritzer, alte Kracher,
älles ist em Gsangverei' –
so muaß sei'!

D Hauptsach aber konnt am End:
ao dr schö'gst Verei', wa wär r
aohne reachte' Dirigent,
aohne de' Herr Lehrer?

So e Ma' konnt et zom gruabe',
dear ist überlengt s ganz Johr:
tagsüb haut r d Schulerbuabe',
obneds hot r Kirchechor,
Gsangverei' ond Geigestonda',
sonntigs orgle' en de Kerch –

narr des Gschäft macht ao en Gsonde'
rabiat ond überzwerch.

Älle standet uf me' Haufe',
jeder huastet nohmol geschwend,
aber wenn dr Dirigent
mit em Taktstock s Zeiche' geit,
guck, noh traut se koar maih z schnaufe'–
passet uf, iatz isch so weit:

Wia fahret dia Mäuler sperrangelweit uf,
wia juzget dia Manne' ond kommet et nuf!
Vo' onne' ruf brommlet wia aus me' Faß
ganz tiaf ond hohl e Bierbrauersbaß.

Dr Dirigent ist ganz verboge',
es platzt em schier sei' Brotesrock,
r schleglet mit de Eleboge'
ond fuchtlet mit seim Stock.

Iatz leget se laos, iatz ist enes gleich:
wia zittret dia Schnauzbärt, wia wacklet dia Bäuch!
Se senget so schö' ond se senget so laut,
se senget vom Rehlein ond „Wers uns getraut"

ond machet ganz spitzige Mäule';
se klagnet, se häbe koa' Schätzele maih,
ond s wuud ene' selber ganz wend ond ganz waih
ond am liabste' tätet se heule' ...

So e' Gsang goht oam ufs Gmüat.
Aber was ist s End vom Liad?
Daß se duustig send ond müad.

Dorom täts em Gsangverei'
deane Manne et so gfalle',
käm et noh dehennedrei',
ällemol e Balle'.

St. Nepomuk

En Raoteburg stoht uf dr Bruck
e Heiliger Sankt Nepomuk.
Komm, so pressant hosch-s ete',
mr wend gschwend zua-n-em bette':

„O Heiliger Sankt Nepomuk,
bewahr me ao vor Schade'
beim schwemme-n-ond beim bade';
gib uf de' Necker acht ond guck,
daß dren koa' Ga's ond Geit versauft,
ond daß r jo et überlauft,
et daß r
mit seim Wasser
de' Weag en d Stadt ond d Häuser nemmt,
ond aos de' Wei' em Kear romschwemmt.
O Heiliger Sankt Nepomuk,
do tätest aos en baöse' Duck!

Ond loht se halt
mit äller Gwalt
s Hochwasser et verklemme',
noh hao' en Ei'seah', guater Ma'
ond fang mit überschwemme'
e bißle weiter donne' a':
dia Goge' nemmets et so gnau,
en deane ihren saure' Wei'
därf wohl e bißle Wasser nei'
– ond evangelisch send se ao ...“

s Wegge'taler Kripple

Es ist am Heilig Obed gsei',
dr Luft hot grausig blose',
soweit ma' gseah' hot – Eis ond Schnai,
ond wia ausgstorbe' d Stroße'.

Paar Schäfer hocket steif ond kromm
mit pfanne'bloe Aohre'
bei ihrem Pferch oms Fuier rom –
se send schao' halb verfraore'.

Em Städtle dob, en Bethlehem,
ist älles still ond fei'ster ...
„Wenn iatz", sait Oar, „s Christkendle käm
ond froge' tät: wa waö'scht dr?"

„I möcht en ganze' Maltersack
vol Kreuzer, tät e sage'."
– „Ond i e Päckle Schnupftabak
ond ebbes Warms en Mage'." –

„I wött e warme Pudelkapp."
– „Ond i en Speck, en fette' ..." –
En Alter bruttlet: „Schwätz koan Papp,
zo arme Leut konnts ete'."

Uf oamol sprenget d Schof durnand
ond drucket se en d Ecke',
ond d Hond send außer Rand ond Band
ond stellet d Hoor vor Schrecke'.

Ällsomer glitzget zmol dr Schnai,
ond d Steane' kriaget älle
en weiße' Hof wia-n Heilge'schei',
ond s ist e graoße Helle.

Dia arme Schäfer schüttlets ganz
– s send sust heazhafte Manne' –,
koa' Wonder: s stoht en volem Glanz
en Engel vor ne' danne'!

Der Engel sait: „Verschrecket et,
s ist Ui e Glück a'gange':
s Christkendle hot en Ei'seah' ghett,
s loht arme Leut et hange'."

Ond glei druf haalet übers Feld
en Orgle' ond e Senge' –
vo' älle Kirche'chör der Welt
täts koar so fetigbrenge'.

Dia Schäfer send noh ganz eweg:
s ist also doch noh komme'!
Noh nemmet se ihre Dudelsäck
ond lend se ghörig bromme',

Ond stolpret durch Schnai ond Wend
ond suachet noch em Kendle
ond brenget ehm mit steife Händ,
so guats halt goht, e Ständle.

E Schofstall so ärmlich, so eng ond so klei',
mit Naot goht en Ochs ond en Esele nei'.

Em hülzerne' Kripple uf Heu ond uf Straoh,
do leit es ond strablet ond lachet so fraoh.

Maria sitzt bei-n-ehm ond wiagets en d Ruah
ond deckts mit me' bowüllene' Kopftüachle zua.

Dr Josef schleecht Fuier mit stärrige Händ
ond kochet e' Süpple, e' Breile em Kend.

Ond d Naacht ist so still, ond neamed ist wach,
nao d Steane' am Hemmel glitzget durchs Dach

wia Christboom so hell ond so klar wia Kristall –
iatz knublet vors Kripple: s ist Weihnächt em Stall ...

De Heilige Drui König aus Morgeland,
dr Kasper, dr Melcher, dr Baltes,
hend Roß ond Kamel ond en Elefant
mit me' Glöckle am Rüassel – dear gfallt es!

Mo goht dr Weag ge Bethlehem nom?
Se froget Stadtleut ond Baure',
se froget em ganze' Ländle rom,
se könnet oan währle daure'.

Se saget Adje ond ladet wied uf,
de' Weihrauch ond s Gold ond d Myrrhe'.
Ond zmol schreit dr Baltes: dr Stean, gucket nuf!
latz ka' ma' se nemme verirre' …

De Heilige Drui König folget seim Schei',
dear Stean hot ebbes z bedeute'!
Se machet et Halt ond se kehret et ei'
ond juzget ond senget em reite'.

Se froget sogar beim König a',
beim Judekönig Herodes.
Dear stellte ehne' altbachene Sprengerlen na',
e' Krüagle Most ond en Brotes.

Se wölle en Bsuach mache' z Bethlehem
ond häbe de' Weag verlaore'.
„Ond därf ma' froge', ihr Herre', bei wem?"
Dr König Herodes spitzt d Aohre'.

De Heilige Drui König lend d Katz aus em Sack,
de aoschuldige Kender müaßts büaße' …
Ond katzefreundlich sait dear Schlawack,
se solle ao z Bethlehem grüaße'.

Zmol über me' Stall vergruabet dr Stean,
se freuet se schao' wia Kender ...
En alter Ma' mit re' Stall-Latean
konnt raus ond froget: „Wa wend r?"

„Mir send dia Drui König, dr Stean hat aos gsait,
do henne' tätet mrs fende' ..."
– „So", sait dear Ma', „descht aber e' Freud,
iatz kommet nao rei', i will zende'."

Se fendet e' nackets Kendle em Straoh,
s hot et emol reachte Wendle',

sei' Muater, e' bildschöne jonge Frau,
sitzt bei-n-ehm ond gwärmet ehm d Händle'.

Ond ist ao des Kendle noh so arm
ond muaß eme' Schofstall wohne' –
de Heilige Drui König wud s Heaz ganz warm,
se lupfet ganz fromm ihre Krone'.

Ond leget ens Kripple nei' ihre Präsent,
ond s Öchsle und s Esele brommet,
de Heilige Drui König faltet d Händ
ond senget „Ihr Kinderlein kommet".

s hot et lang ghebt, des Glück em Stall:
e' paar Tag druf hoaßts Knall ond Fall,
se müaße samt em Kendle
schnell fott ond aus em Ländle.

Deam Judekönig sei des Kend
e' Doan em Aug ond wenn rs fend –
Gnad Gott noh Kend ond Muater!
Herodes sei koa' Guater ...

Ist des en Elend ond e' Kreuz,
iatz müäßt se fott, ond dusse' schneits!
Se packet guatig zsemme',
viel hend se et zom nemme'.

Maria uf em Esel dob
(s Kend ontrem Ma'tel schloft gottlob),

dr Josef a' me' Stecke' –
so gehnd se naus zorn Flecke'.

Se wattet tapfer dur de' Schnai
berguf, berga ond querfeldei';
dezua'na', daß se frieret,
konnt d Angst, de' Weag z verlieret.

So kommet se a' d badisch Grenz.
Dr Josef schnaufet uf: „Mr hends!"
Maria aber lachet:
„Pst! daß mrs et verwachet!"

Arms Würmle, o wia wuud drs ao
bei selle fremde Mensche' gaoh'?
Komm wieder gsond ond lebig,
Herodes lebt et ebig...

D Bürgerwach

Descht e Lebtag, descht e Gspaß,
älles ist maschugger!
A' de Feaster, uf dr Gaß
wuselets vor Gucker.
Auf, ihr Leut, ond d Fahne' raus:
D Bürgerwach,
 d Bürgerwach,
  d Bürgerwach ruckt aus!

Iatz kommet se noh glei oms Eck,
älls pfupfret uf de Stroße',
dr Polezei schaicht de Buabe' weg
ond iatz! – iatz haöt ma's blose':

Do send se schao', devoanedraus
dr Tambor mit seim Stecke';
r streckt en nuf ond schwenkt en naus
ond fuchtlet rom ond fuchtlet nom –
r zwirbelet dean Stecke' rom,
ma' kriagt en ganze' Schrecke'.

Sechs Trommler kommet hennedrei',
dia hauet s Trommelfell schier nei'
ond gucket et kromm nom.
Des schetteret
ond wetteret
ond tuat oam en de Aohre' waih –
rompede – bompede – bom!

Dernoh lupfts d Leut schier vo' de Plätz:
mit raote Büsch ond raote Lätz
ond puterraote Gsichter
konnt d Musek vo' dr Bürgerwach
ond macht en donderschlächtige' Krach
mit ihre Messingtrichter.
Äll hondert Schritt macht oar e Paus
ond dreht d Trompet em Bode' zua,
noh lauft am Mondstück d Spucke raus
ond tropfnet em uf d Schuah.

Ond dear, mo selle Trommel schlait,
dear hot de'-n-ärgste' Schlauch:
ma' woaß et, wa-n-r schwerer trait,
dia Trommel oder sein Bauch.

Uf oamol geits e Mordsgedruck
ond älles schreit: iatz konnt r, guck:
dr Hauptma', bolzegrad;
s ist oa' Gefonkel, oa' Geglitz
vom Helm bis ra zom Stiefelspitz –
e Muster vo' me' Soldat!

Wia dear sein blanke' Sarraß schwenkt,
ond wia-n-r schiergär d Füaß verrenkt
ond nemme woaß, was hist ond hott,
ond wa-n-r uf sei' schöne
Montur eest für en Krattel hot –
do hoaßts ao: Herr, wa be-n-e!
Dear stönd, des sieht ma'-n-aohne Brill,
am liebste' vor se selber still.

Dehennedrei' schloapft oaner d Fah',
r ka's schier et verschnaufe' ...
Sell woaß e gwiß, dear stellt sein Ma' –
nochher beim Freibiersaufe'!

Ond noh maschieret se deher
em Stechschritt ond mit alte Gwehr;
aus dene
hot mei' Ähne
schao' Anno Tubak gschosse'.

Se seahnet äll enander gleich
mit ihre Schnauzbärt, ihre Bäuch
ond ihre graoße Bosse'.

So dappet se verbei
ond gucket drei' wia bsesse',
als hett e jeder heut schao' drei
Franzose' nüachtern gfresse',

Ganz zletzte' zottlet noh oar mit,
dean schlaucht e jeder Meter,
r knappet ond hot falsche' Tritt –
des ist dr Sanitäter ...

Aus ist d Kirbe, leer ist d Gaß,
d Weibsleut gehnd a's Koche',
ond em „Engel" wuud e' Faß
Doppelbock a'gstoche' ...
Gehnd iatz hoam, ihr jonge Buuscht,
d Bürgerwach,
   d Bürgerwach,
      d Bürgerwach hot Duuscht!

Martin Lang

Auch er, wie so viele gscheite Leut, einem schwäbischen Pfarrhaus entsprossen. In dem von Zainingen auf der Alb geboren anno 1883 als Hanns Martin Lang. Studiert in Tübingen und Stuttgart Philosophie und Literaturwissenschaften. Als Student „Intimus und Hausgenosse" Hermann Hesses in Gaienhofen, hilft ihm dort bei der Anlage seines Gartens. Eifrigster Förderer des lange verkannten Dichters Christian Wagner in Warmbronn.

Anno 1912 erscheint in Stuttgart seine „Schbatzaweisheit. Gedichte in der Mundart der Rauhen Alb" und wird dank „einigen großartigen, an Sebastian Sailer gemahnenden, tausendfach rezitierten Prachtstücken schwäbischen Humors" zu einem bis in unsere Tage hinein immer wieder aufgelegten Bestseller, für den er sich später im Alter angeblich sogar geniert haben soll.

Als „Mann ohne Titel und Würden" wird er anno 1921 nach Stuttgart berufen zum Cheflektor der im europäischen Literaturbetrieb höchstangesehenen Deutschen Verlags-Anstalt. (Die trotz einer über 150-jährigen Tradition im Jahr 2000 aus Stuttgart nach München verlegt wurde.)

Hier ist er – zwölf Jahre im „Tausendjährigen Reich" ausgenommen – bis zu seinem Tod „der immer hilfsbereite Mentor, der unzähligen jungen Dichtern und Schriftstellern den Weg in die Öffentlichkeit gebahnt hat." Und „über dieser selbstlosen Vermittlungstätigkeit ist seine eigene Produktion fast etwas zu kurz gekommen." In zahlreichen Anthologien verstreut finden sich seine „zarten, formgewandten hochdeutschen Gedichte, die ihn als späten Nachfolger Mörikes ausweisen."

In seiner schwäbischen Bescheidenheit hat er nie eine Gesamtausgabe seiner Poesie herausgebracht, obwohl ihm dafür ja alle Tore offen standen.

In seinen letzten Jahren macht ihm ein Herzleiden zu schaffen, und seine Ärzte raten ihm zu einer Luftveränderung ins Tessin.

Dort ist dann die alte Freundschaft zum Jugendfreund Hesse wieder aufgeblüht.

Am 20. Mai 1955 ist Martin Lang in Stuttgart einem Herzinfarkt erlegen, und eine ansehnliche und angesehene Trauergemeinde hat ihn auf seinem letzten Weg auf den Degerlocher Waldfriedhof begleitet.

Sein Grabstein erinnert auch an seinen einzigen, noch in den letzten Kriegstagen an der ungarischen Grenze zu Kroatien gefallenen Sohn Gottfried.

Das Dunell em Azeberg

Geschtern – also a Dag isch gwea, blitzblo, am ganze Hemmel koi Muckeschiß.

Da ben e en mein Wengert naus ond han Butte trage, de ganze Dag, wie a Dackel.

No han e denkt: jetzt gohscht hoim – ond no ben e hoimgange.

Jetzt wien e da so hoimgang, komm e au an so me Wurschtlade vorbei.

No han e denkt: do gohscht nei ond nemmscht dr ebbes mit – ond no ben e neigange.

Jetzt, wien e da so neikomm, hend se nex mai ghet bis außer so a Scheib Schwaardemage.

No han e denkt: dees nemmscht mit – ond no han e s mitgnomme.

Jetzt, wien e da so weitergang, meines Weges fürbaß, komm e zmol ans Saure-Kuttle-Gottliebs Besewirtschaft vorbei.

No han e denkt: jetzt da hocket gwieß älle deine Schbezel drenne, der Saure-Kuttle-Gottlieb ond der Rüahles-Done ond der Hallmaier-Euges ond überhaupt de ganz Mooschtgsellschaft. Ond der Kaarle, der Blonde, der Pfläschterer, der Rauhbauz, mei Pfreund, der hockt ganz gwieß au dren.

Da gohscht nei - ond no ben e neigange.

Ond richtig, wien e da so neikomm, hocket se älle da, älle meine Schbezel, de ganz Mooschtgsellschaft, ond mittle dren dr Kaarle, der Blonde, der Pfläschterer, der Rauhbauz, mei Pfreund.

No ben e nagsesse ond han mir en Zehner Mooscht bschtellt ond han mein Schwaardemage rauszoge ond han en gfresse.

Jetzt wien e so dahock ond guets Muets friß ond an nex denk, fangt uf oimol der Kaarle, der Blonde, der Pfläschterer a zpfeifet.

No hane e denkt: wenn der Rauhbauz, mei Pfreund pfeife ka – no pfeifscht au – ond no han e au pfiffe.

Jetzt uf dees na ischt uf oimol der Kaarle, der Blonde, der Pfläschterer, ufgschtande ond ischt vor mi natrette ond hat gsait:

Duu, wann des oine Beziahgeng sei soll, no beziah ich diese Beziahgeng uf mich. Ond wann ich diese Beziahgeng uf mich beziahg, no ben ich der Bezogene.

Du hascht mich buleidigt.

Ich fordere dich hiemit auf zom Dunell em Azeberg, morge pfrüeh om Siebene.

I aber, i ben nagschtande ond han a Poschtur gfaßt ond han em Kaarle meine pfeif Pfenger en d Pfotegrafie druckt ond han gsait:

Guet Kaarle – s Dunell sitzt!

Jetzt, am andere Dag, wien e de ganz Labbahle vergesse ghet han ond wieder en mein Wengert naus gang ond will Butte trage, em morgneds, so om Siebene rom:

Da schbrengt zmol der Kaarle, der Blonde, der Pfläschterer, der Rauhbauz, mei Pfreund henter so me Biereboom füersche, mit zwoi Mordswengertspfähl en der Hand, ond schreit:

Wa isch, du Schlamber. Jetzt schlaget mir aos anander. Mo hascht denn du deine Konsummande?

No han e gsait: Wa, Konsonande – sell woiß i gar et, was des ischt.

Der Kaarle, der hot aber nex wisse welle ond hat mer oin vo seine Wengertspfähl en d Hand druckt ond hat gsait:

Schwätz et lang, du Balla! Auf die Donsur! Fertig los!

I aber, i ben nagschtande ond han gsait:

Guck, Kaarle, en guetem – du hascht Weib ond Kender. I han au Kender, aber koi Weib mai.

Guck, schlag i di ztaud, no bischt du heh, ond i komm ens Zuchthaus. Und schlagscht du mi ztaud, no ben i heh, ond du kommscht ens Zuchthaus. Ond schlaget mer aos anander ztaud, ha narr, wer soll no den andere hoimtrage?

Der Kaarle, der hat aber et woich gea. Der hat so a Wuet ghet ond hat gschriee:

Du hascht mi buleidigt. Rache mueß sei. Oiner von aos zwoi mueß uf am Platz bleibe. No han i mein Pfahl nagschtellt ond han gsait: Guet, Kaarle, no bleibscht du uf em Platz – ond i gang.

D' Fuierwehr vo Plattehardt

Ich – ben der Jakoble.
Ond mei Graoßvatter, der isch der gscheitschte Ma
gwea vo ganz Plattehardt.
Mei Graoßvatter.
Er isch nämlich Burgermoischter gwea.
Oines Dags hat er an allgemeine Sitzong
anberaumt.
Oigehändich ischt er uffs Rathaus gloffe ond hat's
Glöckle zoge – no hat er net könne.
Weil nämlich koi Soil dra ghangt ischt.
Des hat d'Bolezei-Marie ghet,
zom Wäschaufhenken, oben.
No, mei Graoßvatter, der ischt a gscheiter Ma gwea.

Der hat sich nicht irritilliere lau.
Oigehändich ischt er nom en d'Schuier ond hat sein
längschte Bierehake gholt ond hat's mit dem ver-
schüttlet, des Glöckle. S hat au dau.

Jetzt wie no die Burger ällsgmach komme send, hat
er folgende Red uff hochdeutsch, er isch nämlich
der gscheitschte Ma vo ganz Plattehardt gwea,
an se na glau:

Burger! Die Ehre ... der Schtadt Plattenhardt ...
schteht auf dem Schbiel.
Ich – ben deshalb zur allgemeine Ansicht gelangt,
daß mer die zwecks Verschönerung der Halde-
anlagen bereits en Aussicht genommene Errichtong

einer Ausgrubebank demnächscht vornehme solle,
ond daß die von de bürgerliche Kollegie hiezue
genehmigte Gelder...
Weiter ischt er et komme.

Zmol schbrengt schau der Fuierreiter vo Bolande rei
ond schreit schau donderschlächtich:
Fuirio! Fuirio! Z' Bolande brennts.

No, mei Graoßvatter, der isch eine kontemplatierte Natur gwea.

Der hat sich nicht irritilliere lau.

Burger, hat er gsait,

ich ben zur allgemeine Ansicht gelangt: mir müaßet die Zairschte uff em Brandplatz sein!

Also ra vom Rathaus ond nom ans Fuierwehrschbritzelokäle – isch das Werk oines Monuments gwea.

Ond no hent se de Schlüssel gnomme ond – no hend se net könne.

Weil er nämlich gar nicht vorhanden gwea isch.

Den hat nämlich d'Bolezei-Marie ghet, samt em Rathausglockesoile, zom Wäschaufhenken, oben.

No, d'Bolezei-Marie, dui hat sich schließlich gfonde ond der Schlüssel au.

Ond no hend se den Schlüssel gnomme ond hend en neigschteckt – no hend se nomol net könne.

Weil nämlich das Schlüsselloch mit Dreck verschtopft gwea isch von so Lausbuebe.

No, mei Graoßvatter, der ischt a gscheiter Ma gwea. Er ischt nämlich zur allgemeine Ansicht gelangt, daß man mit Zuhilfenahme oiner Haarnadel den Dreck eventinell entfernen könne.

No, dui Haarnadel hat sich schließlich gfonde, dui hend se der Bolezei-Marie aus em Nescht rauszoge – oben.

Ond no hend se den Dreck aus em Schlüsselloch rausgrueblet ond hend de Schlüssel gnomme ond hente ens Schlüsselloch neigschteckt ond romdreht ond nomol romdreht ond d Fuierwehrschbritz rauszoge ond s Schmied-Jakobe Gäul vorgschbannt ond em blanke Karacho ge Bolande nom.

Jetzt, wie se vor em Dorf gwea send, no hat des Deng so heidemäßig gschetteret.

No sait mei Graoßvatter, er isch nämlich der gscheitschte Ma vo ganz Plattehardt gwea, mei Graoßvatter, zu mir:

Du, Jakoble, schteig au amol ra ond gucke, worom des Deng so saudomm schetteret.

I schteig ra ond gucke. Was isch?

Jetzt hend mir – schtatt der Fuierwehrschbritz – dui Dreschmaschene verdwischt.

No, mei Graoßvatter isch eine kontemplatierte Natur gwea.

Er hat sich net aus der Fassoo brenge lau.

Also ganzes Badellion kehrt ond zruck ond dui Fuierwehrschbritz rauszoge ond s Schmid-Jakobe

Gäul omgschbannt ond em blanke Karacho ge
Bolande nom.

Jetzt, wie se wieder vor em Dorf gwea send, da
ganget nämlich zwoi Weg nach Bolande nom.

Der oi drvo, der goht onte nom, am Wäldle rom,
der isch dopfebe ond a halbe Schtond länger
als wie der ander.

Der ander, der goht obe nom, am Wäldle vorbei,
da goht's saumäßig den Buckel hinauf ond der isch
a halbe Schtond küerzer als wie der ander.

No hat mei Graoßvatter, der Burgermoischter, er isch
nämlich der gscheitschte Ma vo ganz Plattehardt
gwea, mei Graoßvatter, allgemeines Halt mache lau
ond hat gsait:

Burger, hat er gsait, ich bin nämlich zur allgemeine
Ansicht gelangt, daß mir ons zwecks Inanschbruch-
nahme der vorhandenen Sitiazion en zwoi Bardeien
zerschlagen müesse:

Der oi Doil, der mit de Kröpf, goht onte nom, oms
Wäldle rom den ebene Weg, weil's die den Buckel
hinuff nicht versauen könnet.

Ond der ander Doil, der ohne die Kröpf, goht obe
rom, am Wäldle vorbei, de nächere Weg, ond macht,
dass er den Buckel hinuffkommt, was er verkann.

Ond diejenigen, welche zairschten ankommet, die
sollen uff de andre waarten.

Das sei nämlich ein Voorteil.

No, mei Graoßvatter ischt an alter Ma gwea, ond hat de Schnaufer ghet, der ischt mit de Kröpfete onte nom, den ebene Weg.

Ond wie se hentrem Wäldle akomme send, no waartet se a Viertelschtond ond waartet a halbe Schtond ond waartet a dreiviertel Schtond ond s kommt neamerds.

No hat mei Graoßvatter, der Burgermoischter, er isch nämlich der gscheitschte Ma vo ganz Plattehardt gwea, mei Graoßvatter, an allgemeine Volkszählong veranschtaltet, ond no hat sich rausgschtellt, daß älle da gwea send.

En Plattehardt hat nämlich älles Kröpf ond deswege send älle onte nom.

No hend se's also saue lau, ond wie se vor Bolande akomme send, no ischt mei Graoßvatter zur allgemeine Ansicht gelangt, daß mer jetzt könnt de Bolezei neischicke ond anschtandshalber frage lau, wo's eigentlich brenne dät.

Ond der Bolezei isch mit der allgemeine Meldong zurückkomme, daß der Brand bereits gelöscht sei.

No hend se dui Fuierwehrschbritz en en Schtupfelacker neigschtellt ond send nach Bolande nei ond hend sich am Mooschttrenke beteiligt ond hend Mordsbränd glöscht.

Jetzt am andere Dag hat mei Graoßvatter, er isch nämlich Burgermoischter, wieder an allgemeine Sitzong anberaumt. Oigehändich ischt er uffs Rathaus gloffe ond hat's Glöckle verschüttlet. S hat au dau.

Ond wie die Burger ällsgmach komme send, hat er folgende Red uff pures Hochdeutsch, er isch nämlich der gscheitschte Ma von ganz Plattehardt, an se na glau:

Burger! Die Ehre ... der Schtadt Plattenhardt ... schteht auf dem Schbiel.

Ich ben deshalb zur allgemeine Ansicht gelangt, daß mir zwecks Wiederherstellung unserer bereits defekt gewordenen Repitation...

Weiter ischt er et komme.

Zmol schbrengt schau der Fuierreiter vo Bolande rei ond schreit ganz donderschlächtich:

Fuirio! Fuirio! Z' Plattehardt brennts, ihr Sembel!

No, mei Graoßvatter, er ischt an alter Ma gwea, den hat's glatt vom Schtuhl ragschla.

En dem Monument hat er sein Artesieschlägle kriegt.

Aber no ischt er wieder uffgschtande ond hat gsait: Burger, hat er gsait, desmol müessen mir die Zairschten uff dem Brandplatz sein.

Also ra vom Rathaus ond nom ans Fuierwehrspritzelokäle isch das Werk oines Augenblicks gwea. Schberrangelweit isch's uffgschtande.

Dreschmaschene hend se au net verdwischt desmol. Aber dui Fuierwehrschbritz, dui ischt vo geschtern no en sellem Schtupfelacker vor Bolande gschtande. Also nom ond d Fuierwehrschbritz gholt em blanke Karacho ge Plattehardt zruck.

Jetzt aber, wie se wieder da gwea send, isch der Brand bereits gelöscht gwea von der Bolander Fuierwehr.

Jetzt am andere Dag hat mei Graoßvatter, der Burgermoischter, an allgemeine Planarversitzong anberaumt.

Oigehändich ischt er uffs Rathaus gloffe ond hat's Glöckle zoge, am Soile, s ischt wieder dra ghangt.

Ond wie die Burger ällsgmach da gwea send, no hat mei Graoßvatter folgende Asprach uff purschtes Hochdeutsch, er isch nämlich der gscheitschte Ma vo ganz Plattehardt, mei Graoßvatter, an se na glau: Burger! Die Ehre ... der Schtadt Plattenhardt ... hat sehr geleidet.

Ich – ben deshalb zur allgemeine Ansicht gelangt, dass inskünftig zur Verhüetong ähnlicher betrübender Vorfälle jeder männliche erwachsene Bürger von obneds om halb sechse a, wann älls dia Saubränd ausbrechet, oine Haarnadel en der lenken Weschtentasche zu tragen habe, falls die Lausbuebe des Schlüsselloch wieder mit Dreck verschtopfet, ond dass d'Bolezei-Marie ihr Wäsch zur an andre Zeit aufhenke soll als grad om d'Brandzeit ond net an meim Rathausglockeseile, anschtandshalber, ond daß mer überhaupts en Zukomft das Fuierwehrschbritzelokäle direkt en der Näche vom Brandplatz errichte muss.

Der Büschelesma'

Büschele foil, kaufet au Büschele!
Büschele foil, kaufet au Büschele!
Büschele foil, kaufet au –
So, Sie sends, Frau Maier. Ja, Grüeßgott. Ja freile.
Jetzt des lasse mer gfalle. Soso. Ond älleweil gsond
ond monter. Ha des freut me jetzt aber reacht.
Jo, schöne Büschele, Frau Maier. Schöne Büschele,
des mueß mr sage, gschlachts Buecheholz, gsonds,
vo der Alb ra, vo Treffelschbuech, jo.

Wisset Se, Frau Maier, s geit so en kalte Wenter.
I schbürs en meiner ganze Klapperatur, durna. So
arg de Reißmateis han e. Vo dem baise Wend aus
em Bayrische, vo dem kalte.
Ja was e sage will: en Ulm häbet se Schnaigääs
gsehe, en ganze Flug über d Schtadt nei, schau em
Auguscht, jo. Ond d Rädich hend so lange Schwänz
ghet huier. Mei Kätter, wisset Se, mei Jonge, wo
mer de Haushalt schafft – mei Weib ischt jo
gschtorbe, s goht ens dritt Jahr huier – also mei
Kätter, dui hat oin rauszoge, en Rädich, der hat en
Schwanz ghet, so lang wie mei Arm, jo guet, mer
hätt könne glaube, s wär a Schlang.
Jojo, des deutet uf en kalte Wenter. Jetzt wie viel
Büschele därf e ablada?
Fuffzich Stuck? A wa, Frau Maier, da isch jo et der-
wert. Des isch doch viel zwenig, i möchte net schul-
dig sei, wenn Sie verfrieret dätet.
Soo, hondert, jetzt des lass e mer aihner gfalle. So
isch reacht. Jo, no will e afange mit ablade.
Ois, zwoie, druie, viere, faife, sechse, siebene, achte,
neune, zehne, olfe ...
So, Frau Maier, jetzt kommet Se doch ond gucket
Se no wieder zue. Wisset Se, der Mensch mueß au
a Anschbrach han.
Mei Schbitzerle? Noi, des han e nemme. Des ischt
mer letzt Jahr verreckt. S ischt onter so en Motor-
wage nakomme, jo. Die fahret au wie der Deifel. O
des ischt so a bravs Hondle gwea. S hot neamerds
zu meine Gäul naglau, s isch mer arg loid om des
treue Viechle.

Jetzt, was e sage will, Frau Maier: Sie send älleweil so a guete Hausfrau gwea. Wo der Selig no gleabt hat, er hats et gnueg verlobe könne: Ihren schwarze Kaffee hat er ällbot so globt, den wo er nach em Esse emmer nagstellt kriegt hat.

Soso. Se machet no oin, Frau Maier. Ha, jetzt dean mueß e aber au versueche, schau em Selige zlieb. So lasse mers gfalle.

Jo, i will no gau weitermache.

Wo ben e schtauh bliebe? Sechzeah, wemmers reacht ischt. Sieberzehne, achtzehne, neuzehne, zwanzge, oisezwanzge, zwoiezwanzge, druiezwanzge, vierezwanzge ... aua , s tuets nemme.

So, Frau Maier, gucket Se wieder raus a bißle. Jo, wisset Se, i mit meim Buckel. S ziegt mer halt so romantisch s Kreuz ra. Ond mer isch halt afange au nemme dr Jöngscht.

Jo, descht wahr, da duet so a Kaffele drnach richtig guet. Descht ebbes feis.

Jetzt, was e sage will, Frau Maier: also oi Lob isch gwea, wo der Selig no gleabt hat, oi Lob. Wemmer so ens Haus neikomme ischt, da ischt älles blitzblank ond sauber gwea, d Schtiag gwachst ond d Glasdür butzt ond so weiße Vorhängle dra, da hot nex gfehlt, descht a wahrer Schtaat gwea. Ond wemmer no en dui Kuche komme ischt, do hats älleweil so guet gschmeckt aus der Schbeiskammer raus, wie so a Likörle.

Soso, Se hend au no dean Wacholderbeerschnaps? Jetzt des lasse mer gfalle. Ha, da will e no so frei sei, zom schwarze Kaffee, jo.

S ischs reacht, Frau Maier, i will gau wieder ablade. Jetzt, wo send mer schtauh bliebe? Schätz om dreißge rom. Oisedreißge, zwoiedreißge, druiedreißge, vieredreißge, faifedreißge, sechsedreißge, siebenedreißge, achtedreißge ...

So, Frau Maier. Da geits a Schtuck.

Jo, bleibet Se no wieder a Weile da. Wisset Se, des sieht mer gern, so a Weibsbild am Fenschter, so a feschte Poschtur, au Holz vor em Haus. Jo, des mueß oim gfalle. Des sag e laut.

Jetzt was e froge will: wo ischt denn au s Madele ane? Wisset Se, des kleine, ihr Maul ischt gange wie a Bachschtelzefiedle.

Soo, was? Schau lang komfermiert? Ha jetzt descht aber! Ja i hau s jo emmer gsait: Aus Bibberle werdet

Gääs ond aus Kendern werden Leute. Wo isch se jetzt au ane, s Madele?

Soo? Dui ischt z Schtuagert beim Deane. Jetzt des lasse mer gfalle.

Was? Seit Lichtmeß schau em dritte? Ha, da hat ses aber pressant ghet. Soo.

Ja, i komm gau bald uf Schtuagert na, no will e en scheene Grueß sage. Jetzt mueß e aber domm froge: wo isch se no ane? Bei was für Leut deanet se, d Madel?

Jo, i will gau weiter mache. So, Herdweg 48 ...
Neunevierzge, fuffzge, oisefuffzge, zwoiefuffzge, druiefuffzge, vierefuffzge, faifefuffzge, sechsefuffzge, siebenefuffzge, achtefuffzge, neunefuffzge: o die Sechzge wellet au gar et komme. Der Deifel hats gsehe.

Sodele, Frau Maier. Jetzt isch reacht. Mer mueß au ällemol wieder ausschnaufe. Au, der Reißmateis, der verreckt! Der ka mer doch gstohle bleibe.

Jetzt han e aber no gar net nach Ihrem Jongerle

So, em Herdweg? Ha, da komm e au na. Da hats noble Leut, des mueß e sage. Schöne Häuser. Wisset Se, da isch früher zom Nills Diergarte naufgange. Descht schee gwea. So om a Faife rom, do hend äls die Leewe brüllet, eb mer se gfuederet hat, die hend no anderscht dau wie so a paar Ochse oder a Schtall voll Küeh.

S ischt aber au schau lang her. Also Herdweg 48. Des kann e mer guet bhalte.

gfraget. Des hane emmer uf mein Fuchse glupft. Er hat dauernd reite welle. S ischt bloß so a Schtomber gwea, so a kleiner, aber schbrenge hat der könne wie a Wiesele. Er hat mer amol mei Goißel verschloift ghet, no ben e ehm aber nachgsaut, dem Blitz. O je!

So, bei de Soldate isch er? Was, bei de Dragoner? I han mer s glei denkt, der mueß amol wo na, wo s Gäul geit. Er hats älleweil mit de Gäul ghet.

Soso, Gfreiter ischt er worde. Ha, no goht er schau ens zwoit Jahr. Soso. Der schlait em Alte nach. Des dät dean freue.

Ja, ond der Albert? Der schwarz?

Was? Hat er? Soso? Ha jetzt aber au, da kann e gar nemme, da sag e nex mai. Ei ei! Zwoi Johr Aufenthalt en Rotteburg. Daß er no jo koine viereckete Auge kriegt, wenn er so durch die Gitterle gucket. Ha, Se müesset net heule, Frau Maier. Ischt er neikomme, kommt er au wieder raus. Wisset Se, wie aoser Pfarr dronternei älls gsait hat:

Vor jedem Hause leit ein Schtein,

Ob er nun groß sei oder klein. Des mueß wahr sei.

So, au no en Prozeß hend Se ghet desweage? O jeremax, da schmeißt mer s Geld en Abtritt na. No net griechtle! Descht bloß au, daß mer die Affokate fuederet. Wenn die seahnet, dass a Geld da ischt, no brenget se s zu koim End, die habgierige Blitz. De selle ond a Wagerad brauchet viel Schmiere. Drom sag e emmer: no net griechtle!

Jo, s ischt wahr. Jetzt aber loid duet mer s doch om den Albert, des mueß e schau sage.

No wellet mer halt wieder, Frau Maier. Arbeit macht das Leben sieß ... Jo, ond Faulheit schtärkt die Glieder.

Aber wie isch au mit meine Büschele?

Richtig: mit de Sechzge han e s ghet. Neunesechzge, sieberzge, oisesieberzge, zwoiesieberzge, druiesieberzge, vieresieberzge, faifesieberzge, sechsesieberzge, siebenesieberzge, achtesieberzge, neunesieberzge, achtzge ...

So, Frau Maier, jetzt hemmers bald.

I will ja net naseweis sei, aber, was e no han frage welle: was isch jetzt au mit em Bäbele? – Wisset Se, des klei wusalig Persönele, wo älleweil om Se rom gwea ischt – jo freile, jetzt fällt mer s ei, Nanele hats ghoiße. A richtigs Wusele isch gwea, net domm grad, aber au net de hellscht vom Flecke, jo, des Nanele.

Soo? Gschtorbe isch se. Ha, des duet mr jetzt aber loid. Soso. Ja, wie alt ischt se denn au worde?

Jo was? Viereneunzge! Ha da hats wohl au ghoiße:

90 Jahr, der Kinder Schpott,

100 Jahre, Gnad bei Gott.

Ha jetzt des ischt no aber au a Alter, wo der Prediger sait: Ond wenn es hoch kommt, so ischt es Mühe ond Arbeit gewesen.

Ja, s Nanele, uf des laß e nex komme, da hend Se reacht, Frau Maier. Jetzt han e älleweil denkt, se dät no mit aos Kaffee trenke.

So, er ischt no glei fertig. Ha no will e aber voll dapfer mache.

Älle Achtong, des Nanele, des hats aber lang triebe. An dere ihrem Daot ischt d Hebamm au nemme schuld. Jetzt des sag e nomol. Viereneuzge! Faifeneuzge, sechseneuzge, siebeneneuzge, achteneuzge, neuneneuzge, hondert.

Ond no ois gratis drei, weil Sie s send, Frau Maier.

So, ond jetzt komm e.

I schmeck schau de Kaffee.

Dr. Gerhard Raff

Degerlocher vom Jahrgang 1946. Einer alten Bauern- und Wengerterfamilie (urk. 1373) entsprossen. Von der der Sielminger Schultheissenfamilie eines Philipp Matthäus Hahn entstammenden Großmutter bereits als Kind im Kuhstall mit Schiller & Hölderlin, Bibelversen & Landesgeschichte(n) beglückt. Von der (1989 mit 182 Mark Monatsrente verstorbenen) Mutter, die als Letzte des Dorfes noch bis anno 65 mit dem Kuhfuhrwerk auf den Acker fuhr, frühzeitig im richtigen Umgang mit Rindviechern unterwiesen. Vom Volksschullehrer zwangsweise auf der Oberschule angemeldet und damit zum sozialen Abstieg verurteilt: Abitur, Werkstudent (Eisenbahn-, Bau-, Flughafengepäck- und wissenschaftlicher Hilfsarbeiter), Studium der Geschichte und Theologie an der Universität Tübingen. Zur Finanzierung der Dissertation eine elend lange Weile beim Archiv der Stadt Stuttgart beschäftigt. Promotion bei Professor Hansmartin Decker-Hauff mit „Hie gut Wirtemberg allewege!" Seit 1973 Kolumnist der „Stuttgarter Zeitung" – dank Professor Josef Eberle alias Sebastian Blau in der neben Griechisch und Lateinisch wichtigsten Kultursprache des Abendlandes, in schwäbischer Mund-Art. Seit seinem 1985 bei der Deutschen Verlags-Anstalt erschienenen, mehrfach preisgekrönten Klassiker „Herr, schmeiß Hirn ra!" weltweit „meistgelesener Dialektautor der Gegenwart." Die von Loriot illustrierte Fortsetzung „Mehr Hirn!" (1995) hatte bereits ein Jahr nach Erscheinen über 1,25 Millionen DM zur Rettung des Hohen Doms in dessen Vaterstadt Brandenburg an der Havel eingebracht.

Unterstützt mit seiner ihm von den Spitzen der Obrigkeit und der mit diesen verbändelten Beton- und Asphaltmafia viel Kummer einbringenden „frechen, aber segensreichen Feder und Gosch" seit bald drei Jahrzehnten tausenderlei soziale und kulturelle Projekte in Württemberg und der weiten Welt, dies „aus Dankbarkeit für
a) Frieden, Freiheit, Gesundheit und
b) die Gnade der schwäbischen Geburt."

Gilt als „Multimillionenstifter mit Minimaleinkommen" (Schwäbische Zeitung) und „Wohltäter der Menschheit" (Richard Freiherr von Weizsäcker).

Die Schwäbische Kehrwoche

„Lasst Euch nicht irren des Pöbels Geschrei!"

Entgegen
allen blödsinnigen Behauptungen
hergelaufener Industrienomaden
im mittleren Management
südwestdeutscher Weltkonzerne
in der Region Mittlerer Neckar
ist die Schwäbische Kehrwoche
weder eine ortsübliche
fundamentalistische Nationalreligion
noch Ersatzbefriedigung
für frustrierte Putzteufel,
sondern eine segensreiche,
vom großen Grafen Eberhard im Bart
(dem der Vater und der Großvater
an der Pest weggestorben waren)
gnädigst verfügte,
in fünf Jahrhunderten bewährte
seuchenhygienische Präventionsmaßnahme
nach dem ökologisch wie soziologisch
sinnvollen Verursacherprinzip
unter strikter Anwendung
des basisdemokratischen Rotationsverfahrens.

Erstklässler! Tentefässler!

Für (nunc Dr. med.) Roman Alexander K.
zum ersten Schultag 1985

Glück isch, wenn mr so en Freund hat wie Di, dr beste Freund von dr Welt. Ond des isch no gar net so lang her, da bisch wie a Hutzele em Pfätschekisse glege, ond zwoi Däg hend die Dokter en Dibenge braucht ghet, bis daglege bisch, ond älles hat sich

gfreut, daß Du ond Dei Muetter überhaupt drvokomme send.

Ond bisch en a Welt neigsetzt worde, wo so viel Hurgler vorne dra hocket ond Sempel 's Sage hend ond wo jeden Augeblick en d'Luft gange ka.

Ond wo mr d'Kender so arg mag, daß se Euch arme Würmle sogar scho d'Muttermilch vergiftet hend.

Bisch aber oineweg a ganz arg netts Bürschle worde, a richtigs Lausbüeble wie dr Michel von Lönneberga, ond hasch mit Deine sechs Jahr scho weiter Leut a Freud gmacht wie so a Dutzed Stuegerter Gmeinderät em ganze Lebe.

Hasch's ja au ganz gschickt troffe, en Dokter als Vatter ond Dei Muetter au Doktere ond oineweg de ganze Dag für Di da.

Ond a liebs Brüederle hasch, Dein Grischa, ond en Freund wie mi, dr Timi, wo en echte Säbel hat ond a echte Hellebarde.

Ond mit dreiahalb hasch Du den ganze Max ond Moritz hersage könne. Ond bisch en dr Provence no em Marc Chagall über de Weg gloffe.

Ond a Xichtle wie vom Rembrandt.

Ond bevor Du richtig woisch, ob Du amol „Seeräuberkapitän" oder net doch lieber „Kriminalverkehrspolizeihauptmann" werde willsch, holet se Di en d'Schuel ond pfeift dr Wend jetz aus'me andre Häfele.

Ond obwohl se Deine Kamerade ond Dir a Zuckerguck en Arm neidrucket, isch des Honigschlecke für a ewigs Weile vorbei.

Dreizehn Jahr (hoffentlich kois weniger ond kois weiter, wie bei mir) werdet se jetz uff Di nei- schwätze, die Dame ond Herre Lehrers, ond Du wirsch manchesmol denke, zu was au so en Lohkäs, mir stenkt's.

Aber die moinet's ja bloß guet mit Dir, ond merk Dr halt soviel wie möglich drvo, denn älles könnet se Dir amol wegnemme aber net, was en Deim Kopf dren isch.

Aber werd mr bitte ja koi Streberle, denn guete Freund send wichtiger wie guete Note, ond au koi so a stromlinieförmigs Ma(nager)le, wie se heut- zudag en Mode send, mit so Elleboge ond Horn- haut uff dr Seel – als leibhaftigs Vetterle vom Schiller ond Sprößleng vom Graf Eberhard em Bart hasch Du des nemlich überhaupt net needich.

Mach's guet, bester Freund von dr Welt, bleib xond ond so a netter Kerle wie jetz, daß dr liebe Gott ond d'Leut Deiner Lebdag a Freud an Dir hend.

Ond wenn's amol net ganz so lauft em Lebe, denk dra: Die dömmste Kerle von meiner Klass, die fahret heut de dickste Kärre.

So a Menschle

Die Leut, wo älle so oizecht mit'm Auto ens Gschäft fahret und die Straße verstopfet und verstenket, die wisset gar net, was'n da nausgoht, dass se net mit dr Straßebah fahret.
Sache ka mr da verlebe, also noi!

Da hockt mr ganz friedlich en so'me Sechser dren, macht's wie dr Stuegerter Gmeinderat, denkt sich nex weiters, no steigt da am Olgaeck so a Menschle ei ond pflatscht sich uff den Platz direkt vis-à-vis. Ond no hane afange denke, ond han denkt, mi trifft dr Schlag, so omeglich brudal hat dui ausgsehe. Ond weil'r me no doch net troffe hat, hane an den Alte Fritz denkt, wo se dem sei Braut vorgstellt hend, hat der gsait: „Ein Glas Schnaps bittö!" Aber des kriegt mr koin en dr Straßebah, ond womeglich hätt mr des Menschle am End gao no dopplet gseh: Hat dui net beerschwarze Augedeckel ghet, stiefelsdick mit Karresalbe agschmiert, ond a raote Gosch ond raote Fengernägel wie die Zuddle vo Hollywudd. Ond ihr Haar gfärbt, dass a Regeboge a Dreck drgege isch. Ond die Haar send nuffgstande, wie wenn mr se henderschefier aus'me Kübel voll Tapetekleister rauszoge hätt. Ond a engs Hösemle hat se aghet wie aus Krokodilleder oder Schlangehaut ond en alte Bratesrock drüber ond am Revers en Haufe Sicherheitsnadle ond Rasierklinge, ond a paar so ronde Brosche dra aus Plastik mit so Sprüchle druff. Ond ois drvo hat ghoiße: „Abtreibung – ja bitte!"

Da hätte am liebste gsait: „Oh Menschle, wenn no dei Muetter au scho so fortschrittlich denkt hätt…" I han's aber verhebt ond mei Gosch ghalte, denn erstens soll mr ja tolerant sei, wie des onser toleranter Schultes emmer wieder sait, ond zwoitens, wenn oine so verbotte wüescht en dem Wirteberg romlauft, woiß mr ja nie, ob dui net mit'm Rasiermesser uff oin los goht. Ond, tatsächlich, hat se jetzt en ihr glitzerichs Handtäschle neiglangt ond – ebbes zom Lese rausgholt.

Ond wer jetz denkt, des wird jedefall so a Fuffzichpfennichschnulzeroman gwä sei, der hat sich gewaltig dische. Ob'r's glaubet oder net, hebt des omegliche Menschle mit seine 16, 17 Jahr doch tatsächlich dem Johann Peter Hebel sei „Schatzkästlein des rheinischen Hausfreundes" zwische ihre agmalte Fengernägel. Mit älle dene wonderscheene Gschichte dren vom Kannitverstan ond so, ond vo dene Gauner, Zundel hend die Gauner ghoiße, ja Zundelheiner ond Zundelfrieder, wie der Schultes vo Crailsheim ond vo Heidelberg. Ond jetz hane gar nemme könne ond no hane denkt, der Prophet Samuel hat recht, wenn'r sait: „Ein Mensch sieht, was vor Augen ist, der Herr aber sieht das Herz an."

Ond wie no des Mädle ausgrechnet grad des Gschichtle liest vom Schneider en Pensa, wo mir als Kend scho so gfalle hat, weil mei Ururehne au mit'm Napoleon en Moskau drbeigwä isch, da hane me richtig gschämt, für des, was'e vo dem Menschle so

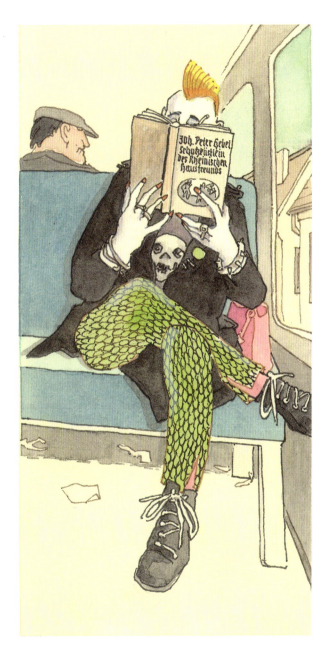

denkt han. Ond wien'e mi no zwische Bopser ond Haus 61 gnueg gschämt ghet han, bene ällsgmach naseweis worde, ond an dr Altebergstaffel hane me no frage traut, ob se des für d'Schuel lese müeßt. Ond em purschte Hochdeitsch – se isch von „Hanowa" dahobe ra – hat se gsait: „Nein." Bloß so „zum Spaaß."

Ond jetz kommt's: Se häb en dr Zeidong den Uffsatz glese vom Albrecht Goes übern Hebel („Brücke zur Welt" vom 7. August 1982), ond no häb se

sich des Buech vom Hebel glei kauft, ond des sei „Supa, echt irre, Spitze".

Da bisch doch total vo de Socke, da moinsch, so oine hätt außer Kaugummi sonst nex mai em Kopf, ond no liest dui sogar dui Obergscheitlesbeilag vo dr Stuegerter Zeidong! Ond i möcht net wisse, wie viel Kerle mit Krawatt ond Bögelfalte den Uffsatz oglese zum Altpapier glegt hend …

Ond vo dr Waldau a hend mr bloß no gegeseitig vom Johann Peter Hebel gschwärmt ond die Gschichte anandernach uffzählt vo dene badische Jäger en Hersfeld, dem Bergmann en Falun, dem Husar en Neiße ond wie se älle hoißet, so daß au des ältere Fraule uff dem Sitz schräg vis-à-vis nemme bais guckt ond uff oimol au mitgschwätzt hat. Ond vor lauter Hebel hane gar net frage könne, warom so a gscheits Mädle eigentlich so saudomm drherkommt. Ond i denk mr's jetzt halt so, dass bei „Hanowa" dahobe glaubich emmer no d'Elch graset, ond jedefall mueß mr da als Vogelschaich romlaufe, dass oin die Elch net agreifet.

En Degerloch an dere Haltestell mit dene Betobunker, wo mr moint, die hätt dr Dschingis Khan em Suff nagstellt, da hane aussteige müeße ond Ade gsait, ond se hat me ganz mitleidig aguckt onter ihre schwarze Augedeckel, dass i en some Kaff wohn mit sore Brechreizarchedektur. Ond no hat se sich uff mein Platz gsetzt ond isch weitergfahre, em Sechser mit'm Hebel Mairenge zue.

Heimatland die Filder!

Siebzehhondertondogrd Jahr send des jetz her, daß mir über den Limes gstiege send ond die alte Römer hoimgschickt hend, des dekadente Gstair, wo sich selber mit Blei vergiftet hat. Ond weil mr da no freie Auswahl ghet hat, hend mr ons selbichsmol den beste Toil rausgsuecht, des scheene Land da zwische Scheebuech, Nesebach ond Necker, en Bode so guet wie en Burgund die Wengert, ond hend die fruchtbare Felder Filder ghoiße ond dadrmit für älle Zeite sage wölle, so a bodeguets Land geits ein ganze germanische Gäu net nomol.

Ond wie a Perlekette hend mir die Haufe Ingendörfer mitte draneigstellt, Vaiheng, Maireng, Pläeneng, Echterdeng, Sielmeng, Nelleng. Ond wie die nemme glangt hend, hat mr de Wald grodet ond send anandernach die andre Flecke drzuekomme, Bernhause, Birgich, Bolande, Degerloch, Heumade, Ruit ond wie se älle hoißet.

Ond no send da so Leut aus Irland ond England extra rübergfahre ond hend ons Halbwilde des Evangeliom bracht, ond jetz hend mir gwißt, wer die Filder ond den Hemmel drüber gmacht hat ond daß beim Mose hoißt: Solange dic Erde stehet, soll nicht aufhören Saat ond Ernte, Frost ond Hitze, Sommer ond Wenter, Tag ond Nacht. Ond älles hat a Ziel ghet ond en Senn. Ond mir hend älle die Schläg verkrafte könne, was die Zeite so uff oin neigschlage hend, äll des Elend ond den Jammer, ällritt en Krieg, des ewige Gehändel, die hergloffene Gwaltigel, die Madjare, Kroate, dr Schwed, dr Franzos, die verbrennte Häuser, die verhaglete Felder, des verfaulte Korn, die verfrorene Blüete, die austrocknete Äcker, die Hongerjohr, dui Pestilentz ond Cholera, ond dronternei die Sempel ond Sauigel vo dr

Obrigkeit. Äll des Elend hat mr aushalte könne, weil mr gwißt hat, ewig ka des net so weitergange, ond hat emmer a Hoffnong ghet, daß älles amol wieder guet wird ond schee.

Ond tatsächlich send emmer wieder au herrliche Zeite komme, da send die Filder d'Kornkammer gwä vom ganze Schwabeland bis na an Arlberg ond Vierwaldstätter See. Ond onser Filderkraut hend se en äller Welt so gschätzt, daß se en Amerika älle Deutsche bloß „Kraut" hoißet. Ond au Obere hend mr kriegt, daß a Freud gwä isch, die zwoi Friedrich vom Staufe dahübe, den Graf Eberhard em Bart, den Herzog Christoph, wo ons Bauremädle ond Barebuebe 's Lese ond 's Schreibe glernt hat, dr Herzog Carl Eugen, wo mit seire Franziska en Hoheheim glebt hat wie a Filderbauer onter Filderbaure. Oder die zwoi Keenich Wilhelm, Prachtskerle boide ond liberal ond demokratisch wie heut koi Demokrat.

Aber no send au wieder ganz ganz fiese Figure uffkreuzt mit ihre fäkalfarbige Hemmeder, ond ausgrechnet die mit ihrem verlogene Bluet- ond Bodegefasel hend mittle en den fruchtbarste Bode vom ganze Deutsche Reich a Autobah ond en Flughafe neipflätscht. Ond bei Nacht ond Nebel so mirnexdirnex ond ogfragt die Filderdörfer oberhalb vo dr Autobah uff des Stuegert neikassiert.

Ond weil die Schlurger mit äller Welt Händel agfange ghet hend, send uff oimol Bombe ragfalle vom Hemmel, wie wenn die Filder schuldig gwä wäret. Ond wie no die schlechte Zeite komme send, do wäret se en Stuegert dahonne verhongret, wenn's die Filder net gebe hätt. Aber statt froh ond dankbar sei, send se, kaum daß se wieder vollgfresse gwä send, uff die Filder los wie uff en Zwetschge-kueche an dr Kirbe ond hend Äcker ond Wiese zuebetoniert, daß a Schand isch ond a Verbreche. Ond obwohl mittlerweil au de letzt Schlafhaub gmerkt hat, wo des amol naführt, hend die scheints emmer no net gnueg Hoimet verhonzt ond hehgmacht, die gwählte Gwaltigel.

Fenfesiebzich Generatione Schwabe, wenn net no mai, send jetzt uff dene Filder ghockt ond send zfriede gwä ond hend des Land jedesmol schee ond oversehrt weitergebe an ihre Kender. Ond jetz soll oi gotzige Generatio vo so bleede Betobachel, Kotzbrocke ond Kriegnetgnueg des ganze Sach vo onsre Kendeskender verdo ond verdomme därfe. Soll der alte Mose nex mai gelte ond älle Hoffnong de Nesebach na. Heimatland, gege dui Dommheit isch koi Filderkraut gwachse.

SUEVIA

ubi beton
ibi patria

XÖFF

in vino veritas
in aqua claritas
in lacte sahnitas
in cola woisnetwas

Dr. Hans Bayer
alias Thaddäus Troll

Im letzten Friedensfrühling 1914 ist er als Sprössling einer alten Seifensiederdynastie in Cannstatt in der Marktstraße zur Welt gekommen und in der Schickhardtschen Stadtkirche auf den Namen Hans Wilhelm Bayer getauft worden und ist, da Albert Einsteins Mutter zu dessen Niederkunft nach Ulm verzogen war, der bedeutendste Cannstatter Kopf geworden.

Nach dem Abitur am Johannes-Kepler-Gymnasium studiert er Germanistik, Kunstgeschichte, Literatur-, Theater- und Zeitungswissenschaft an den Universitäten Tübingen, München, Halle und Leipzig, wo er 1938 seinen Doktor macht und danach zur Wehrmacht muss.

Aus englischer Kriegsgefangenschaft heimgekehrt, gründet er mit Werner Finck und anderen in Stuttgart die rotzfreche Satirezeitschrift „Das Wespennest" – die leider die Währungsreform nicht überlebt. Arbeitet bis 1951 als „Spiegel"-Korrespondent, danach als freier Schriftsteller, Theaterkritiker und Feuilletonist. Wählt dafür das Pseudonym Thaddäus Troll – „um in alphabetisch geordneten Bücherschränken links neben Kurt Tucholsky zu stehen." Wird selbst „der schwäbische Tucholsky."

Nach seinem Worstseller „Herrliche Aussichten" (809 verkaufte Exemplare) erscheint 1967 sein Bestseller „Deutschland deine Schwaben" mit Millionenauflage. Und „nach der Lektüre dieses Buches braucht man sich nicht mehr länger zu schämen, als Schwabe geboren zu sein."

Er nutzt die daraus erwachsene riesige Popularität, um durch Unterstützung seiner Freunde Gustav Heinemann und Willy Brandt in Bonn einen politischen Wechsel herbeizuführen – und zur Verbesserung der Situation seines Berufsstandes. Gründet 1969 gemeinsam mit den beiden späteren Literaturnobelpreisträgern Heinrich Böll und Günter Grass und mit Martin Walser den „Verband deutscher Schriftsteller". Gilt als einer der Väter der Künstlersozialkasse.

Leidet angesichts der politischen Zustände in seinem Heimatländle immer mehr unter Depressionen. Scheidet am 5. Juli 1980 in Stuttgart freiwillig aus dem Leben. Nach seiner Beisetzung auf dem Steigfriedhof wird – seinem Wunsch folgend – Cannstatter Trollinger ausgeschenkt. Erhält am Ende der Marktstraße den „Thaddäus-Troll-Platz" mit einem Denkmal des „Entaklemmers", seines berühmtesten Theaterstücks.

Am Sonndich en Sidnei

Um das Bäuerliche, Naturverbundene zu illustrieren, um zu zeigen, wie in einem liebenswürdigen Schwaben Weltweite und Bodenständigkeit in harmonischer Mischehe leben können, sei hier noch ein Dialog wiedergegeben, den ich Hermann Leins verdanke.

Wie Josef Eberle, der Herausgeber der „Stuttgarter Zeitung" und unter dem Namen Sebastian Blau ein begnadeter schwäbischer und lateinischer Poet ist, war Hermann Leins Buchhändler, wie jener ist er heute Professor und Dr. h. c., Inhaber des Rainer Wunderlich Verlags, war Freund und Verleger von Theodor Heuss, der auch schon über den folgenden Dialog gelacht hat. Josef Eberle und Hermann Leins verbindet darüber hinaus die schwäbische Fähigkeit, aus Klugheit und Bildung Kapital zu schlagen.

Hermann Leins erholte sich in einem ländlichen Hotel und traf dabei auf einen ebenso originellen wie rechtschaffenen und tüchtigen Schwaben, dessen Industrieprodukte in alle Welt gehen und genauso bekannt und solid sind wie sein eigener Wein, der allerdings so gut ist, dass er sich nicht so lange hält wie seine Fabrikate. Dieser Mann flüchtete vor einem Pfarrer, der mit einem von mindestens drei Dekansgenerationen abgegriffenen und speckigen Halmaspiel einen Partner suchte, an den Tisch von Hermann Leins. Der studierte gerade die täglichen Kassenrapporte seines Verlags schwäbisch

genüßlich. Der Mann stellte sich vor, und folgendes Gespräch hob an:

„Wie lang send Sia scho do?"

„Vierzehn Tag."

„So, vierzeah Dag! Do ben i grad en Auschtralje gwä. Send Sia au scho emol en Auschtralje gwä?"

„Nei."

„Aber Sia kennet doch sicher die Linie über Bangkok, dia isch doch om fufzich Mark billicher wie dui über Kairo."

„So?"

„I han eigentlich gar net nomwella. Aber en Neiseeland han e a Fabrikle eirichde miasse. Send Sia scho amol en Neiseeland gwä?"

„Nei."

„I han denkt, guggsch selber dernoch, sonscht machet dia Kerle bloß Bledsenn. Wia e do no fertig gwä ben, han e uff d'Kart guggt ond gsehe: Narr. do isch's ja gar net weit nach Auschdralje nom. Wisset Se, da han i nemlich en Sidnei en Vertreter, ond dem Kerle sott mer e bissle uff d'Fenger gugge, er isch nemlich katholisch. Sia send doch net katholisch?"

„Nei."

„No ben e halt gschwend nomgfloge noch Sidnei, ond glei vom Flugplatz aus han e sellem Kerle telefoniert.

's isch am Samschdich gwä, ond do hen dia gsagt, er sei scho seit Freidich em Weegend ond komm erscht am Mondich wieder. Drom kommet dia Kerle au uf koin greana Zweig! No han e gsagt, saget ehm doch Bscheid, daß i mit ehm schwätze muaß, er soll gfelligscht aus'm Weegend zrickkomme. No hen dia bloß glacht. Er sei achthondert Kilometer weit weg em Busch. Wisset Se, des isch so weit wia Markgrenenga von Hamburg. Sia send no nia en Auschtralje gwä?"

„Nei."

„Wisset Se, des send au koine sottiche Bisch wia da om da Traifelberg rom - sondern halt auschdralischer Busch. Do wachst nex anders. Jetzetle isch aber koi Flugzeig zrickgfloga, ond i han de ganze Sonndich en Sidnei romhocke miasse. Send Sia schon emol am Sonndich en Sidnei gwä?"

„Nei."

„Da hen Se aber Glick ghet. Wie i also do ghockt ben, do hau e denkt: Karl, du bisch doch an Allmachtsbachel, jetzt hocksch du am Sonndich en Sidnei rom ond drhoim sott mer d'Beem schpritze!"

O Heimatland

Zletzscht hot dr Herrgott
s Schwobaland gschaffa ond sich drbei
no amol gottsallmächtich miah gä.
em Allgai a paar berg uffbeigt
drvor a schtickle meer da Bodasee nagschittet
dem liaba jengferle dr Donau
zur mitgift gä a traulichs tal.
da Schwarzwald gschaffa dockelich ond kiahl
ond tiaf ond schtill mit tanna schträuch
moor berg ond seea wia aus-m schächtele
ond obegreiflich giatig wia r isch
an toil drvo au no de Badenser gschenkt.

wär s net dr Herrgott hieß mer s lomperei.

r hot da Necker en da letta graba
hot wengert an sei Ufer ghängt
d Rauh Alb mit heehla woida holder

schof ond felsa bosselt fir da Albverei.
daß r dees liablich ländle om da Kocher
ond om d Jagscht so oifach de Franka
iberläßt dees hätt etzt freilich
au net grad miassa sei. aber so isch r eba.

drfir hot r des Schwobaland mit burga kircha
kleeschter schlesser gschprenkelt
zom possa grad do wo mer katholisch isch
an haufa humus nakarrt. drfir hot dr deifel
schtoiner de evangelische
uff d felder gschmissa.
hot do a Freia Reichsschtadt dort hoimelige
neschter derfer hefter flecka nagschtreit
äckerla wiesla burra hecka bächla gompa
ond grad gnuag wald fir fuchs reh wiesel
marder dachs ond has. hot s ganze na
recht bucklet gmacht daß henter jedem

buckel an andera landschaft aug ond
gmiat ond herz ond seel erfrischa ka.
mo er na fertich gwä isch hot r
d händ am schaff schurz abgwischt und hot
gsagt – i moin dees sei fei gar net schlecht –.

na send dia andere schtämm ond velker
mo koi so scheene hoimet kriagt hent
neidisch worda. se hent delegazione
gwählt hent se zom Herrgott gschickt
ge proteschtiera. dees verschtoße gega
s naturrecht von dr chancegleichheit
dr oi häb älles ond dr ander nex.

dodruffna hot halt onser Herrgott
zom ausgleich d architekta gschickt.
ond weil em Schwobaland von alters her

de mendere meh hent z saga wia de gscheite
hot mer de liadriche meh ärbet gä
wia dene mo ihr gschäft verschtanda hent.

se send ans werk. de kloikarierte hent
kloikarierte siedlonga baut. heisla ois
wia s andere wenn d an balle hosch fendsch
nemme wo de wohnsch. verwachsene
heisledubbel mit blende fenschteraigla
ohne wempera ond braua
ond s kappadach wi-a schtompets hiatle
uff-m-a uffblosena meckel. wem-mer s sieht
kennt mer grad moina dene derfer
sei s schlecht worda ond se hättet dia
siedlonga breckelesweis en s land neikotzt.
de ander art von architekta hot sich
verkauft an handel ond gewerbe. se hent

dia alte schtroßa mit paläscht
aus glas ond beto
fir banka ond fir schparkassa versaut.
se protzet zwischa de fachwerkheiser
wia wenn a schießbud en dr lotterie
s groß los hätt gwonna.

en Schtuagert hent se aus de alte plätz
verkehrsvertoiler gmacht. zwoi tiafe schluchta
durch da schtadtkern gschlaga mo koi
autofahrer woiß
wia neikomma wia nauskomma
ond koi passant wia durchkomma ond so isch
etzet älles so verkomma daß d Schtuagerter
hoimetvertrieba gern aus Schtuagert flichtet.

andre hent s land mit maschta iberzoga
mo s am schenschte isch menschter ond dom
fir kraftwerk ond fir d millverbrennong baut
ond aus-m Neckerwasser hent se
a reachte saichbriah gmacht. hent en da
Bodasee neigschissa daß mer dia bäch
ond fliss ond seea baldvoll ens schpital
to miaßt uff d intensifschtazio
zur kinschtlicha beatmong.

dia freche wolkakratzer mo de bickela
ond bergla da hals zuadrucket an Rems
Murr ond em Neckertal. hochhaus silo
betokubus mo d schtadtsilwett verschneidet
ond kircha daß-s m deifel drvor graust.

dees älles hot dr Herrgott miassa macha lassa
aus seim paradiesgärtle dem Schwobaland
daß dia mo moinet se häbet net gnuag kriagt
ihr goscha haltet ond da neid verhebet.

so hent mir etzt a bißle schteppe wiaschte
a schtick Mänhättn ond au mir send
en onserm ländle vor-m hemmel hussa
mer sieht halt iberall wia s menschelet.

ond wenn mir Schwoba onsere kender etzt
zoiga mechtet wia schee des ländle amol
gwä isch vor dr hoimsuachong durch
d architekta schultes kreisbaumeischter
ond au gmoiderät durch
banka ond durch eikaufs-center
no miasset mer halt ens Elsaß niber
drweilsch s von Schwoba no net uffkauft isch.

Madonnenweihe

Em-a hemmlischa eck isch dr holzschnitzer
Jean Baptiste Fleuron aus Beaucaire gsessa
gschtorba fuffzeahhondertondfemfazwanzich
ond hot an Côte-du-Rhône tronka.

zmol isch dr Petrus agschlurget
ond hot gsagt – Schababbtischt etzet
guck doch amol zom fenschter naus
ge Reitlenga Bismarckschtroß sechzeah
do isch grad a paartie –.

richtich. beim miaderwarafabrikanta
Egon Schlotterbeck ond seinera frau Aschtrid
geborene Schweinle isch net bloß dr nei
swimmingpuul eigweiht worda

– dr alt isch ehm z bschnotta gwä
r hot a terrariom draus macha lassa
ond drei krokodil neigsetzt
Josuah David ond Ezechiel tauft –
drzuana au no a gotische madonna
frisch gschteigert bei dr auktzio Nagel
en Schtuagert
ond jedem mo s net hot wissa wella
hot r gsagt – a glegaheitskauf om
a nasawasser von elfahalbmille
ond d Gwerkschaft Tekschtil dia schlawiner
verlanget achtahalb prozent meh loh
i mecht bloß wissa wo onseroiner
dees geld hernehma soll ond net schtehla –.

do send se also gschtanda dia feschtgäscht
vor dr hausbar em-a tabernakelschränkle
florentinisch so om zwelfhondertondograd
mit Pernod ond Bourbon
ond Campari ond Wodka
d mercedesschpeckhäls send
iber da kraga gschwabbelt
ond dia weiber mit falsche zäh
ond echte brilljanta
iber de herzer mo zom kloid nausdruckt hent
dia hent s schampanjerglas ghoba
Mumm Cordon rouge
– prosit uff dia krokodil
ond uff s ehepaar Schlotterbeck
ond onser bescheides Schwobaland ond uff dia
gotisch madonna om lompige elfahalbmille –.

dr Jean Baptiste hot gsagt – i wenn e net wißt
daß e em hemmel wär na tät e glauba s häb mr
oiner uff d augadeckel gschissa
aber etzet schla me doch glei s heilich blechle
dees isch doch dia muaddergottes mo-n-i
wia mei weib s erscht mädle kriagt hot
gschnitzt häb fir Sankt Martha en Tarascon –.

er hot agfange z fluacha – do soll doch glei
a heilichs siadichs – aber wia de
alte landsknecht vom Münchhausen
sen ehm älle fliach zu lobpreisonga worda:
halleluja ond hosianna ond kyrie eleis.

vor lauter zorn iber dees was se gmacht hent
aus seim werk hot r an schtrick gnomma
ond sich uffhenka wella
aber em hemmel battet dees net
ond r isch am ewicha leba blieba.

etzet wartet r uff da fabrikanta Schlotterbeck
– bacht mändle wenn du
amol an engel wuursch! –
do ka r lang waarta.

Friedrich E. Vogt

„Wo sich die Stuttgarter Volks-
seele in ihrer reinsten Form erhal-
ten hatte", im Bohnenviertel,
da ist der Friedrich Emil Vogt am
5. Juli 1905 auf die Welt gekom-
men. Seine Mutter war die
Tochter des Schultheißen von
Deufringen im Gäu. Sein Vater,
der Maschinist Friedrich Vogt, ist
im Ersten Weltkrieg in Frankreich
gefallen. Ein Stipendium ermög-
licht dem Halbwaisen den Besuch
der Wilhelms-Oberrealschule und
das Studium der Germanistik,
Romanistik und Anglistik an
den Universitäten Tübingen,
München, Paris und Berlin, das er
anno 29 mit dem Staatsexamen
und einer Dissertation zum Thema

„Die Mundart von Deufringen und
Umgebung nach Lauten und
Flexion" bei dem berühmten
Germanisten Karl Bohnenberger
abschließt.
Sein eigentliches Berufsziel
„Theater oder Zeitung" hat die
Weltwirtschaftskrise verhindert.
So ist er zum Staat gegangen und
hat – mit Ausnahme seiner
Kriegsjahre als „Leutnant im Stab
des Inf. Ers. Btl. (mot.) 119" in
Cannstatt – bis zu seiner Pensio-
nierung anno 65 als Oberstudien-
rat am Goldberggymnasium in
Sindelfingen ganze „Generationen
von Gymnasiasten geprägt."
Nach „Erlangung des Friedens
und des Schwabenalters" hat er
schwäbisch zu dichten begonnen
und ist der „erste und eigentliche
Lokalpoet seiner Vaterstadt"
geworden. Anfangs noch in der
Tradition von August Lämmle
und Sebastian Blau – und so
manches Vogt-Gedicht hat der
„Baureschultes Arnulf Klett" bei
Empfängen oder beim Volksfest
rezitiert, und das „Rundfunk-
fritzle" Erich Hermann hat die
Vogtschen Versle oft im Radio

und auf vielen Schallplatten vor-
getragen.
Und sein bekanntestes Lied
„Dia steile Stuagerter Stäffela"
ist – von Oscar Müller gesungen –
„so etwas wie die Stuttgarter
Nationalhymne" geworden.
In den Sechziger Jahren aber
„gesellte er sich zu den progres-
siven Dialektschriftstellern im
oberdeutschen Raum, so etwa zu
dem Berner Kurt Marti und dem
Wiener H. C. Artmann." Und es
reimt sich auf einmal nichts mehr
bei ihm, und er verwendet jetzt
eine neue, schwerer lesbare
Schreibweise und gilt seither als
„Wegbereiter, wenn nicht gar
Vater der neuen schwäbischen
Dialektdichtung".
Insgesamt neunzehn Bücher und
Büchle, vom ersten („Poetisches
Schwabenelixier" 1953) bis zum
letzten („I sag mei' Sach!" 1995)
hat er hinterlassen, als er am
21. Dezember 1995 im Dürrle-
wang verstarb und auf dem Roh-
rer Friedhof beigesetzt wurde.

Dia steile Stuagerter Stäffele

En Stuagert – gucket selber nòòch –
Dò kletteret aus em Tal
So an de tausend Stäffela
En d Höh nuf überaal:
     Dia steile Stuagerter Stäffela –
     Dees woiß a jedes Kend –
     Send schuld, daß mir em ganze Land
     Halt d „Stäffelasrutscher" send!

Wenn Stuagert koine Stäffela hätt,
Nò wärs koi' Stuagert meh,
Nò wäret seine Mädla net
So schlank ond net so schee':
     Dia steile Stuagerter Stäffela,
     Dia haltet se en Schwong!
     Dia, wenn de nuff ond ronter rutschst,
     Dò bleibst jò röösch ond jong!

A Stuagerter, wenn sterbe mueß,
Für den ischs koi Problem:
Der steigt dr d Hemmelsloiter nuf
Zom Petrus ganz bequem:
     Dia steile Stuagerter Stäffela,
     Dia hent en soo trainiert,
     Daß er, als gängs em Bopser zua,
     Ens Paradies marschiert!

Schwäbische Speisekarte

Knöchla, Sauerkraut ond Spätzla,
Nierla, Kuttla, Kipf ond Brezla,
Griabawurst ond Peitschastecka,
Schwartamaga, Laugawecka,

Gaisburger Marsch, viele Salätla,
Blonza, Soitawürstla, Flädla,
Schneiderfleck ond Zwetschgaschnitzla,
Metzelsupp ond Buabaspitzla.

Ochsamaulsalat ond Rippla,
Pfannakuacha, guate Süppla,
Oierstich, Pfitzauf, Mutschla, Sääla,
Ofaschlupfer, brennte Mehla.

Guatsla, Hefakranz ond -zöpfla,
Fasnetsküechla, Gsälz ond Knöpfla,
Leberspatza, Brät ond Sooß,
Maultascha, Dampfnudla, riesagroß!

Guglhopf, Sprengerla ond Waffla,
Leber-, Backstoi-, Luckeleskäs ...
Älles dees, en Abständ gspachtelt,
Isch ons Schwoba „artgemäß"!

Regen bringt Segen

Da neulich morgens, grad will e zur Haustür naus ens Gschäft, da siehn'e, dass dr Hemmel voller Wolke hangt ond han so 's Gspür, dass die bald abladet. Ond i denk, nemmscht uff älle Fäll dein Schirm mit. Aber wie'ne wieder ens Haus neigang ond de Schirmständer avisier, da secht mei Weib: „Karle", secht se, „da hascht Pech, dei Schirm isch heh". Dr Frieder (des isch mei Ältester) hat'n letzt Woch amol mitghet ond da isch ehm a Stengele gfatzt." „Da soll doch dr Siadich draneifahre", sag e, „was hat denn der mein Schirm z'nemmet? No gibscht mr halt oifach sein!" „Ja", secht mei Weib, „des wär scho recht, aber – der isch halt au heh, der isch scho vor deim hehgange, drom hat er ja au dein gnomme".

Jetz wien'e me von dem Schreck erholt han ond nach'me andere Schirm em Ständer stöber, nach irgendoim von dene sechs, wo onser Familie hat, da stellt sich raus, dass älle sechs heh send. O, lass no mi gange! Dadrüber schempfe hat aber gar koin Wert ghet: dadrvo wäret die Schirm au net ganz worde. Ond außerdem han e ja au ens Gschäft pressiert: d Straßebah wartet net uff mi!

Ond so pfeif e halt uff den ganze Salat ond will grad abhaue. Aber was duet mei Weib, bevor e nauswitsch? Se schubst mr älle sechs hehnige Schirm zue ond secht katzefreundlich: „Jetz bisch halt so nett ond vernenftig, Karle, ond nemmsch des ganz Zeug mit zom Hugedubel. Vielleicht

macht der die glei ond du kascht se heut abend scho wieder mit hoimnemme. No hend mr wenigstens ab morge wieder Schirm, wenn's doch zom Regne kommt."

Drbei hat's drusse scho afange schiffe. Also guet em Senge: i klemm mr die sechs Schirm ontern Arm ond zieg los.

Em Oisezwanzger hend se sich natürlich gstupft, wien'e so mit dere Batterie Schirm drherkomm ond ben doch so batschnass!

Beim Aussteige hat's emmer no gschifft. No han e wenigstens net vergesse, dass e meine sechs Schirm vor em Gschäft no gschwend zom Hugedubel nabrenge muess. „Weil's Sie send", secht dr Gschäftsführer dort, ond weil Se offebar so a guete Kondschaft send, könnet Se se heut abend wieder abhole."

I dapp weiter, meim Gschäft zue, jetzt ohne Schirm, aber emmer no em Rege.

Der Morge ist normal romgange. Ond jetz kommt d'Mittagspaus. Ond es schifft emmer no! Wieder ben e soichnass worde uffem Weg zom Gasthof Ketterer. Da nemm e mei von dr Firma subventioniertes Mittagesse ei. Ond weil e so arg eiglaugt dagsesse ben, han e de ganz Zeit halt emmer an des Sauwetter denke müesse ond an meine Schirm, ond han mei Esse ganz geistesabwesend nonterdruckt. Erst wo nach'me Weile a netts jöngers Fräulein am Nebetisch Platz nemmt, ben e a bißle uff andere Gedanke komme.

Jetz won'e mit em Esse fertig gwä ben, guck e zom Fenster naus: es schifft emmer no! Ond wieder fallet mr meine Schirm ei ond dr Hugedubel. Ond wege dem muess mr's passiert sei – I ka mr's andersch gar net erkläre – dass e beim Nausgange en de Garderobeständer neilang ond den Schirm rauszieg, wo dort onter meim Huet ond meim Mantel steckt.

„He Sie, erlaubet Se amol!" schreit's da uff oimol ganz giftig, „des isch fei mei Schirm, des wollet mr also doch festgstellt habe!" Ond wien'e me romdreh, isch's des nette Fräulein vom Nebetisch.

Mr ka sich's ausmale, wien'e so saudomm dagstande ben. Ond was für a Überwendung me des kost hot, om des sonst so nette Fräulein drvo zom überzeuge, dass e net von dr Firma Stauch ond Stehle ben: wenns no net grad a Dameschirm gwä wär! Ond nach viel Bückleng ond Entschuldigongsgestotter meinerseits hat se sich schließlich beruhigt, ond i ben schleunigst naus zur Wirtschaft, wieder ens Gschäft, wieder em Schiff!

Der Nachmittag goht endlich au voll rom, ohne besondere Vorkommnisse. Aber drusse hat's älleweil no saumäßig gregnet. Ond am Feierabend gießt's wie mit Kübel. Ja no, des hat wenigstens des oine Guete ghet, dass e an meine Schirm denkt han ond dass e die ja uffem Hoimweg abhole muess beim Hugedubel.

I also nom, em Schiff, ond se send au tatsächlich älle fertig gwä. Fenf drvo han e wieder onter de Arm klemmt, den sechste uffgspannt, ond ben so wieder meiner Straßebah nachgsaut, desmol wenigstens von obe ra gschützt.

Dr Oisezwanzger isch zom Glück bei onserm Feierabend no net so voll. So han e au no en Sitzplatz verwischt ond han sogar no meine Schirm nebe me nalege könne.

I zieg mei Metoula-Büechle aus dr Brusttasch – I lern nämlich en dr letzte Zeit a bißle Spanisch für onsre nächste Ferie dort – ond ben au bald ganz versonke gwä en „hombre, tu estás loco!" ond „hasta la vista!" ond „come sta usted?" ond so...

Aber uff oimol isch mr's, wie wenn me ebber mit stechende Auge durch mei Büechle durch grad durchbohre dät. I guck uff, ond – oh Schreck, laß nach! – mir grad em Vis-à-vis hockt, mit'me overschämte Grinse en ihrem sonst so nette Gsichtle ond mit'me vielsagende Kopfnicke – wer? – neamerts andersch wie des Fräulein vom Nebetisch von heut Mittag... Ond was secht se? Es verreißt me schier, aber i muess es schlucke. Se secht: „Heut hat sich's bei Ehne aber scheint's doch no ganz ordentlich glohnt!"

Professor Dieter Groß
Maler, Zeichner, Karikaturist, Kabarettist

1937 in Stuttgart geboren.
Hier lebt und arbeitet er noch heute.

Vierzig Jahre war er der hiesigen Kunstakademie verbunden:
Vier Jahre als Student (schwerpunktmäßig bei Karl Rössing).
Sechs Jahre als Assistent (bei Hannes Neuner und Hans Gottfried von Stockhausen).
Dreißig Jahre als Professor.

Ab 1972: Rund 200 Einzelausstellungen, darunter im Wilhelm-Busch-Museum in Hannover, im Olaf-Gulbransson-Museum in Tegernsee sowie in den Diözesanmuseen von Warschau und Kattowitz. Etliche Aufträge zur künstlerischen Ausgestaltung von Kirchen. Neben einem Pauluszyklus in Balingen-Frommern gilt der besondere Akzent der Darstellung von Kreuzwegen: in Stuttgart-Neugereut (St. Augustinus), in Tübingen (St. Michael), in Bildechingen und in Horb-Hohenberg. Aktuelle Passionszyklen befinden sich seit 2012 in der Liebfrauenkirche Oberwesel und in der Christus-König-Kirche in Stuttgart-Vaihingen.

Zahlreiche illustrierte Bücher, unter anderem
„Rottenburger Ansichten" –
„Langenargen freue dich" –
„Engen hat was" –
„Bilder-Buch zu Leben und Liedern von Oswald von Wolkenstein".

Ab 1968 (und bis heute):
Leiter des Stuttgarter Kabarett-Ensembles „Die Pinguine".

Bernd Stolz
Illustrator, Grafiker,
Zeichner

Schwabe von der Ostalb mit böh-
misch-sächsischen, schlesischen
und rheinischen Beimischungen.
Geboren 1937 in Heidenheim an
der Brenz. Kindheit in Bayern bei
Neuburg an der Donau.

Studium der Kunsterziehung an
den Akademien in Stuttgart (unter
anderem bei Gerhard Gollwitzer,
Karl Rössing und Gunter Böhmer)
und Berlin und der Anglistik
an den Universitäten München,
Berlin und Tübingen.

Lebt seit 1964 in Stuttgart.

Von 1965 bis 2000 Lehrer am
Zeppelin-Gymnasium und an der
Volkshochschule.
Danach Zeichenkurse an der
Sommerakademie Neuburg und
im Nordkolleg Rendsburg.

Vorwiegend Zeichner mit
Neigung zur Satire.
Bis 1999 Textzeichnungen und
Rezensionen für die Zeitschrift
„Evangelische Kommentare".

Illustrations- und Grafik-Design-
Arbeiten, unter anderem für den
Otto Maier Verlag Ravensburg und
seine Kirchengemeinde auf dem
Killesberg.
Ausstellungen im Rahmen seiner
Lehrtätigkeit.

Für seine Enkelin Lena in Illinois
schrieb, zeichnete und malte er
2004 das Kinderbuch „Der Nacht-
krabb" und 2007 „Das Deutsche
Alphabet" mit unterhaltsamen
Texten, Beispielen und Gedichten.

Der Landhege Verlag

wurde 2011 gegründet und gewährt seinen Autoren erstmals im Leben das Glücksgefühl der in Artikel 5 des Grundgesetzes garantierten Zensurfreiheit.
Ein weiteres Gütezeichen des neuen Verlages:
Seine Erzeugnisse werden nicht in den dank Mini- oder Sklavenlöhnen sehr viel preisgünstigeren transdanubischen oder gar transmongolischen Druckereien, sondern bewusst in Behinderteneinrichtungen des Württemberger Landes hergestellt, dieses hier in Gustav Werners Reutlinger Bruderhaus.
Drittens: Dieses Buch unterstützt die segensreiche Arbeit der „Ärzte für die Dritte Welt – German Doctors e.V." auf den Philippinen, in Indien, Bangladesch, Sierra Leone, Kenia und Nicaragua.
Weitere Spenden gerne an **Ärzte für die Dritte Welt:**
EKK-Bank, BLZ 520 604 10
Konto 4 88 888 0
Kennwort: „Juwelen"

www.landhege-verlag.de

Die Gschicht vom Mose ond de Zehn Gebot
verzählt vom Gerhard Raff ond gmalt vom Dieter Groß ond Bernd Stolz

ISBN 978-3-943066-03-6
Preis mit CD: 19,90 €

Die Rose ohne Dorn
von Gunter Haug

ISBN 978-3-943066-00-5
Preis: 19.90 €

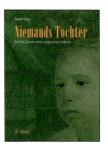

Niemands Tochter
von Gunter Haug

30. Auflage
ISBN 978-3-943066-07-4
EPUB 978-3-943066-17-3
Preis: 9,90 €

Ferdinand Porsche ein Mythos wird geboren
von Gunter Haug

ISBN 978-3-943066-04-3
EPUB 978-3-943066-09-8
Preis: 19,90 €